Elisabeth Dude

DU BIST EIN WUNDER - LEBE ES

Verlag für kosmisches Bewußtsein

Die Deutsche Bibliothek -CIP- Einheitsaufnahme

Dude, Elisabeth:
Du bist ein Wunder - Lebe es.

Orig.-Ausg., 1. Aufl. - Düsseldorf, 1997

ISBN 3-00-001604-X

Herzogstraße 7, 40217 Düsseldorf
Telefon u. Fax 0211-38 26 93

2. Auflage 2001

Titelgestaltung, Satz u. Layout: Manfred Boelke, Palma de Mallorca

Printed in Germany

Inhalt:

Ich danke...

... der geistigen Welt für ihre liebevolle Betreuung und Hilfe.

Mein besonderer Dank gilt Jesus und Meister Eckhart für ihre liebevolle Begleitung.

Ich danke allen Leserinnen und Lesern, die meine Bücher: „Finde die Liebe in Dir“ und „Der Weg der unsterblichen Seele“ gelesen haben, für das wunderbare Feedback.

Ich danke all denen, die meine Bücher in Liebe verschenkt oder weiterempfohlen haben.

Ich danke all meinen Seminarteilnehmern und -teilnehmerinnen für ihr Vertrauen.

Ich danke allen Menschen, die bei mir zu einem Clearing waren und dazu beigetragen haben, viele Seelen ins Licht zu führen.

Ich danke meinen Freunden für die Unterstützung und die Liebe, die sie mir entgegenbringen.

Ich schreibe dieses Buch wieder in der Du-Form, denn ich möchte zu eurer göttlichen, unsterblichen Seele sprechen. Wiederholungen sind nicht zufällig, sondern dienen der Einprägsamkeit.

VORWORT AUS DER GEISTIGEN WELT

Geliebte Kinder der Erde, ich hülle euch ein in die Liebe des Allerhöchsten, in die Liebe des Schöpfer allen Seins. Seine Liebe ist verankert in allen Menschen und allen Wesen, die in den geistigen Reichen sind. Die Liebe Gottes ist in jedem Tier, in jeder Pflanze, in jedem Baum, ja auch in jedem Wassertropfen und in jedem Sandkorn. Ich bin gekommen, um euch das Wunder zu offenbaren, das in euch ist. Dieses Wunder des göttlichen Geistes, der ihr seid. Ich möchte euch bitten, euch für dieses Wunder zu öffnen, damit ihr es ausdrücken könnt, zu eurer Verwandlung und zur Verwandlung eures Planeten Erde.

Es bedarf nur einer Bewußtseinserweiterung, einer Öffnung der Grenzen und des Ablegens der Begrenzungen in eurem Sein. Erkennt an, daß ihr Gottes geliebte Kinder seid, eins mit ihm. Ihr seid eins mit Gott, ihr wart immer eins mit Gott, und ihr werdet immer eins mit Gott sein. In ihm habt ihr euer Sein, in ihm schafft ihr euer Leben, in ihm seid ihr in der Liebe, in ihm lebt ihr die Freude. So laßt ihn sich durch euch ausdrükken. Laßt Gott in eucheure Werke tun. Laßt Gott durch euch zu anderen Menschen sprechen. Laßt Gott in eure Gedanken einziehen.

Wir lieben euch und möchten euch helfen, in eine neue Ära des Bewußtseins einzutreten; des Bewußtseins eines neuen

Morgens. Die Wandlung hat schon begonnen. Die Wandlung des Bewußtseins der Menschen auf der Erde.

Wir hier in diesen geistigen Reichen haben es uns zur Aufgabe gemacht, euch Menschen zur Seite zu stehen, euch zu helfen, den Wandel der Erde zu vollbringen. Wir stehen im Dienste des Lichts.

Wenn ihr einmal das Bewußtsein der Menschen von höherer Warte aus betrachtet, so hat sich hier bereits viel im Sinne des Lichtes gewandelt. Manche von euch halten ihren Blick zu sehr auf die Dunkelheit, auf Aggression, auf Ärger, Haß und Rache gerichtet. Ich aber sage euch, hebt euer Bewußtsein an. Seht die Liebe, die in euch ist, und sendet sie aus. Sendet sie aus, zu allen Menschen, zur Natur, zum Planeten Erde selbst. Stimmt euch ein auf das Bewußtsein der Natur. Stimmt euch ein auf das Bewußtsein der Tiere. Es gibt keine Trennung von Mensch und Natur. Alles ist eins und schwingt im göttlichen Gleichklang.

Der Kosmos besteht aus einer vollkommenen göttlichen Ordnung. Wäre dies nicht der Fall, würde alles im Chaos enden. Nur ihr Menschen versucht oft, diese Ordnung aus dem Gleichgewicht zu bringen. Und ihr wundert euch, wenn ihr euch nicht mehr an der heilen Natur erfreuen könnt, sondern die Bäume krank werden, die Tiere leiden, und sich bei den Menschen immer neue Krankheiten einstellen. Die Krankheiten beginnen nicht auf der materiellen Ebene, sondern im Bewußtsein der Menschen, gewachsen auf dem Glauben der Trennung von der Liebe, auf dem Bewußtsein der Trennung von Gott. Ihr Lieben, eine Trennung vom göttlichen Geist ist niemals möglich. Auch wenn ihr Menschen über lange Zeit hinweg versucht habt, euch vom Göttlichen abzuwenden und Gott zu verleugnen,so ist er trotzdem liebend in euch und wartet darauf, daß ihr ihm euer Bewußtsein wieder zuwendet. Er wartet darauf, sich in und durch euch auszudrücken. Er ruft euch und bittet euch, mit ihm gemeinsam den Wandel der Zeit zu unterstützen. Er bittet euch, euer Leben, in Liebe, Freude, in der Fülle und in Harmonie zu leben.

Er erwartet keine Opfer von euch, sondern er bittet euch nur um ein liebevolles Miteinander. Jeder einzelne von euch kann unendlich viel zur Wandlung, zur Verwandlung beitragen. Fragt euch einmal, wo ist mein Beitrag, was kann ich tun, um mitzuhelfen?

Ihr Menschen habt Angst, wenn ihr euch der göttlichen Führung überlaßt, daß ihr dann allen weltlichen Genüssen entsagen müßt. Ihr Lieben, Gott gab euch die Fülle und stellt euch noch immer sein Reich zur Verfügung. Das Reich Gottes ist Überfluß. Voller Liebe und Schönheit. Die Menschen, die in der Lage sind, diese Schönheit, Liebe und Fülle zuzulassen, leben ein Leben in Freude. Ihre Tage sind ausgefüllt mit Liebe und Kreativität. Sie haben ein starkes Charisma und strahlen diese Liebe nach außen aus, so daß andere sich wie magnetisch von ihnen angezogen fühlen.

Auch ihr könnt zum Träger des göttlichen Lichts werden, wenn ihr euch des Lichts in euch bewußt werdet und bereit seid, dieses Licht ins Außen auszustrahlen. So rufen wir euch auf, als unsere Brüder, als unsere Schwestern, laßt uns gemeinsam am Bewußtsein der Welt arbeiten. Wir sind bereit, euch zu führen, wo es notwendig ist. Wir sind bereit, euch zu helfen in jeglicher Weise, wenn ihr euch öffnet für die höheren Dimensionen. Die Dimensionen des Lichts, des Wissens und der Liebe.

Dieses Buch wird geschrieben, um euch euer göttliches Potential bewußt zu machen. Dieses Buch wird geschrieben, damit ihr das Wunder, das ihr seid, begreift und es leben könnt. So öffnet euch, wie sich eine Lotusblüte entwickelt und aufblüht. Nehmt diese Lotusblume in euer Herz. Laßt sie in strahlender Reinheit leuchten. Sie wird wie ein Edelstein leuchten. Seht das Licht in euch. Ihr seid das Licht. Dieses Licht wird scheinen in der Finsternis, um sie zu erhellen.

Geliebte Kinder der Erde, wir hüllen euch in das göttlich Licht der Liebe ein. Möge es euch stärken und leiten, auf eurem Weg ins Licht. Möge es euch helfen, das Bewußtsein für die Liebe in euch, für die Weisheit und Kraft in euch zu entwikkeln.

Gehet hin in Frieden.

Franz von Assisi

Einführung

Ich bin Heilpraktikerin mit eigener Praxis und arbeite seit vielen Jahren als spirituelle Lehrerin. Ich gebe Seminare im In - und Ausland. Seit langem arbeite ich auch für die geistige Welt. Ich habe es mir zur Aufgabe gemacht, die Menschen mit ihrer göttlichen Quelle in Verbindung zu bringen.

Ich bin unendlich dankbar, diese Arbeit tun zu dürfen. Viele Menschen kommen auch zu mir zum Channeling, zur spirituellen Lebensberatung. Mein Geistführer, Meister Eckhart, gibt den Menschen Rat und Hilfe aus der Sicht der geistigen Welt. Die Menschen sind Eckhart, wie wir ihn nennen dürfen, sehr dankbar für seine Hilfe. Das gilt für mich ganz besonders, denn er hat mich auf meinem spirituellen Weg nun schon so viele Jahre begleitet, und ich habe absolutes Vertrauen zu ihm.

Seit Jahren arbeite ich als Medium und habe somit ständig Kontakt zu der geistigen Welt, die für viele Menschen noch sehr unverständlich ist. In meinem Buch *Finde die Liebe in Dir* sind viele Übungen, wie du, liebe Leserin und lieber Leser, mit der geistigen Welt in Kontakt kommen kannst. Mein zweites Buch *Der Weg der unsterblichen Seele* ist soeben erschienen. In diesem Buch geht es um Fragen wie: Wo kommt unsere Seele her, wenn wir geboren werden, und wo geht sie hin, wenn wir diese Erde wieder verlassen? Wie leben wir im geistigen Reich? Gibt es ein Leben oder viele? Hier lüftet sich der Schleier des Mysteriums.

Ich habe bereits einen langen Entwicklungsweg in diesem Leben hinter mir. Meine Kindheit verbrachte ich mehr oder weniger in der Kirche. Mein Vater war bei der hamburgischen Landeskirche beschäftigt, und schon als kleines Kind interessierte ich mich für alles, was mit Jesus zusammenhing und befasste mich schon in jungen Jahren mit Glaubensfragen. Niemand wußte damals, warum das so war.

Heute weiß ich, daß ich bereits zu seiner Zeit einmal gelebt habe und Jesus nicht nur gekannt, sondern geliebt habe. Ich war zu der damaligen Zeit ein spiritueller Lehrer und habe viel von Jesus gelernt, der mir bereitwillig alle Fragen beantwortete, die ich an ihn hatte. So kann ich mir heute meine Liebe zu ihm gut erklären. Auch hatte ich schon als Kind ein sehr starkes Gottvertrauen.

Sehr zum Ärger meiner Mutter verbrachte ich fast meine ganze Kindheit in der Kirche. Sie sagte oft: „Wir bringen dein Bett dorthin, dann brauchst du gar nicht mehr nach Hause zu kommen."

In dieser Gemeinde war zu meiner Kindheit ein sehr spiritueller Pastor, Karl Witte, der später Bischof von Hamburg wurde. Ich habe viel von ihm gelernt und bin ihm unendlich dankbar dafür. Vor allem hat er mich gelehrt, Gott und Jesus zu lieben. Er war mein geistiger Vater. Er half mir, stark im Glauben und Vertrauen zu werden. Dieses Gottvertrauen hat mir schon oft in meinem Leben geholfen, besonders in Krisenzeiten.

Später traten die religiösen Dinge etwas in den Hintergrund. Aber meine Verbindung zu Gott und Jesus hat mich stets durch alle Schwierigkeiten in meinem Leben hindurchgetragen.

Als ich 35 Jahre alt war, starb mein Freund, den ich sehr geliebt habe. Das war mein Einstieg in die Esoterik. Ich begann zu suchen, was mit der Seele geschieht, wenn sie den Körper verläßt. Ich habe schon als Kind gefragt, wo denn die Seele hingeht, wenn ein Mensch stirbt. Ich ahnte, daß der Tod nicht das Ende ist. Damals sagte man mir, die Seele sei bei Gott im Himmel.

Heute weiß ich, daß Himmel und Hölle keine geographischen Orte sind, sondern ein Bewußtseinszustand. Und wir sind immer in Gott, denn Gott ist die alles aktivierende Kraft im Universum. Gott ist reiner Geist und in uns. Gott ist das Meer der Unendlichkeit, in der unser wahres Sein ist. Wir sind immer in Gott, nur haben wir es vergessen und müssen uns wieder daran erinnern. Wir glauben, daß wir uns eines Tages von Gott getrennt haben. Aber diese Trennung ist eine Illusion. Ohne die alles aktivierende Energie Gottes kann nichts existieren.

Vor 22 Jahren war es allerdings nicht so einfach, sich auf die spirituelle Suche zu machen. Heute kann man sich in fast jeder Buchhandlung Literatur zu diesem Thema zu besorgen. Auch Seminare zur Bewußtseinsentwicklung gab es damals nur vereinzelt. Ich las alle Bücher, die ich bekommen konnte, über das Weiterleben nach dem Tod. Je mehr ich darüber las, desto glaubhafter wurde es für mich, bis es eines Tages zur Gewißheit wurde.

Im Zuge meiner Heilpraktikerausbildung besuchte ich Geistheilungsseminare von englischen Geistheilern, die zugleich auch Medien waren. Sie kamen zu der damaligen Zeit nur vereinzelt nach Deutschland. Bei uns sprach man vor über zwanzig Jahren kaum über Geistheilung.

Ein Seminar ist mir auch heute, nach so vielen Jahren, noch deutlich in Erinnerung. Am Ende des Seminars ging Marian Butler, die das Seminar leitete, in Trance.

Durch sie sprach ein nordamerikanischer Indianer mit Namen Rahidi, der ihr Geistführer war. Ich werde es nie vergessen, weil es mich damals so stark beeindruckt hat. Rahidi sprach mit gewaltiger, aber sehr liebevoller Stimme zu uns.

Er sagte den Reaktorunfall in Tschernobyl voraus und auch die Vergiftung des Rheins.

Es faszinierte mich so stark, daß ich den Wunsch äußerte, auch Kontakt zur geistigen Welt zu haben. Mir wurde damals gesagt, daß ich eines Tages hellhören könne. Aber das war noch ein langer Weg.

Ich war dann viele, viele Male in England und habe dort in Geistheilungskirchen und Krankenhäusern gearbeitet. In England kann jeder Geistheiler offiziell im Krankenhaus arbeiten. Bei uns ist die Geistheilung bis jetzt nur Ärzten und Heilpraktikern gestattet.

Die Botschaften, die ich bekam, waren stets wunderbar, aufbauend und sehr hilfreich.

Immer wieder bat ich darum, doch auch Kontakt zu bekommen. Eines Tages wurde mir bewußt, daß ich Informationen und Gedanken erhielt, die nicht meine eigenen waren, und sagte zu meiner Freundin: „Es dachte mich." Die Informationen stimmten immer, nur daß ich sie nicht richtig zuordnen und nicht willentlich abrufen konnte.

Eines Tages bekam ich eine Einladung von Freunden aus Wuppertal. Sie hatten ein Medium aus Südafrika zu Gast. So lernte ich Arthur Garside kennen, ohne zu wissen, welche Bedeutung er einmal für mich haben würde. Er war in Südafrika aufgewachsen, seine Eltern waren Engländer. Arthur war ein „Bewußtseinsmedium", das heißt: Er war nicht in Trance oder einem tranceähnlichen Zustand, sondern empfing seine Botschaften bei vollem Bewußtsein. Es faszinierte mich, was er tat. Er war es, der mir erklärte, wie ich es lernen könne, den Kontakt zur geistigen Welt aufzunehmen. Ich habe es in meinem Buch *Finde die Liebe in Dir* genau beschrieben. Dort findest du Meditationen, wie du mit deinem Geistführer in Verbindung kommen kannst. Obwohl es immer besser ist, den Kontakt mit seinem Geistführer in einem Seminar richtig zu erlernen.

Nach einer Weile gelang es mir, Kontakt zur geistigen Welt zu bekommen. Um mehr darüber zu erfahren, wollte ich bei erfahrenen Medien „ in die Schule gehen." Dazu fuhr ich für sechs Wochen nach Amerika, dem Eldorado der Channel - Medien. Ich war in vielen Zentren und habe viel gelernt. Vor allem hat mich die Herzlichkeit und Offenheit der Menschen dort tief beeindruckt. Hier lernte ich auch zum ersten Mal, einen Blick in die Akasha-Chronik zu tun. Die Akasha-Chronik ist das sogenannte Weltgedächtnis, in dem alles aufgezeichnet ist, was jemals gedacht wurde.

Als ich mit vielen Erfahrungen im Gepäck zurückkam, sagte mir mein Geistführer Eckhart: „ Nun pack bitte deine Koffer und flieg nach Südafrika, Arthur wird dich zum Sprechmedium ausbilden." „ Das geht nicht, ich muß mich jetzt erst einmal wieder um meine Praxis kümmern", sagte ich. Jeder wird wohl dafür Verständnis haben. Wenn man solange abwesend ist, bleiben die Patienten weg. Ich hatte einfach nicht den Mut dazu, weil ich um meine Existenz fürchtete.

Die geistige Welt sah dies offenbar anders. Nach langem Ringen gab ich nach und flog nach Südafrika. Es war ein gute Entscheidung, die mein ganzes Leben verändern sollte, was ich aber zum damaligen Zeitpunkt nicht wissen konnte. So wurde ich in sechs Monaten in Südafrika zum Sprechmedium ausgebildet. Es war eine schöne Zeit, und ich genoß dieses wunderschöne Land. Vor allem aber hat mich die Freundlichkeit der Südafrikaner tief beeindruckt. So viel Offenheit, Herzlichkeit und Hilfsbereitschaft findet man bei uns leider nur selten. Es hat mich tief geprägt.

So kam ich zurück, mit vielen Botschaften und Prophezeiungen für meine spirituelle Arbeit. Aber ich hatte zunächst ganz andere Sorgen. Durch meine lange Abwesenheit mußte ich meine Naturheilpraxis neu aufbauen. Da die Kosten aber weitergelaufen waren, erwartete mich ein Berg von Schulden, und mein Vertrauen wurde auf eine harte Probe gestellt.

Nun hatte ich zwar einen guten Kontakt zur geistigen Welt, aber keine Praxis mehr. Wovon sollte ich meine Kosten bestreiten? Wovon leben? Immer wieder hieß es: " Hab' Vertrauen, alles wird gut, das Blatt wird sich bald wenden." Ich glaubte zwar der geistigen Welt, war aber doch von vielen Sorgen, Zweifeln und Ängsten erfüllt.

Zu diesem Zeitpunkt wurde ich von der geistigen Welt aufgefordert, Seminare zu geben. Aber ich hatte Bedenken, daß ich das nicht könnte oder erst dementsprechende Ausbildungen machen müßte. Statt dessen flog ich nach England und bat Rahidi um Rat. Er fragte mich, wie lange es denn noch dauern würde, bis ich alles, was ich gelernt hätte, nun auch anwenden würde? Genau dasselbe hatte Eckhart auch gesagt.

Also entschloß ich mich, einen Vortrag auf einer Esoterikmesse anzumelden.

So begann meine Lehrtätigkeit mit dem Seminar: „Kontakt mit deinem Geistführer", ein Seminar, das ich auch heute noch, nach so vielen Jahren, immer wieder gerne gebe. Es berührt mich immer wieder tief in meiner Seele, wenn Menschen ihren Geistführer kennenlernen und einen liebevollen Kontakt zu ihm aufbauen.

Die geistige Welt kannte meinen Weg, nur ich nicht. So wurde ich Schritt für Schritt weitergeführt. Es kamen noch viele andere Seminare hinzu: „Ein Kurs in Wundern“, „Heilung des inneren Kindes“, „Kreativ Wohlstand schaffen“, „Geistheilung“, „Channelling“, „Spirituelles Malen“, u.s.w.

Viele Menschen kommen zur spirituellen Lebensberatung zu mir, bei der sie von der geistigen Welt Botschaften erhalten. So weitete sich meine Arbeit immer mehr aus.

Eines Tages erhielt ich den Auftrag, ein Buch zu schreiben. Das konnte ich mir nun überhaupt nicht vorstellen, und so habe ich lange gezögert. Aber immer, wenn ich mit anderen Medien in Kontakt kam, sagten sie mir als erstes: „ Eckhart hält dir ein Buch hin.“ So wurde ich immer wieder daran erinnert.

Mit Hilfe der geistigen Welt schrieb ich mein erstes Buch *Finde die Liebe in Dir*. Es hat ein sehr positives Echo, und ich bin sehr dankbar dafür, zeigt es doch, daß die Menschen auf der Suche nach ihrer eigenen Göttlichkeit sind. Ich habe viele wunderbare Briefe von Menschen bekommen, die sich für die Hilfe durch das Buch bedankt haben.

Du bist ein Wunder!

Dieses Buch will das göttliche Potential wecken, das in uns allen schlummert. Es möchte die Menschen von der Angst auf den Weg der Liebe bringen. Liebe Leserin, lieber Leser, mit diesem Buch möchte ich dir einen Weg aufzeigen, wie du das in deinem Leben erreichen kannst, was du möchtest. Dies ist ein ganz persönliches Buch für dich, um dir zu helfen, auf deinem spirituellen Weg weiterzukommen; um deine Ängste abzubauen und in die Liebe hineinzukommen. Mit diesem Buch möchte ich dein göttliches Potential erwecken, das still verborgen in dir liegt und darauf wartet, daß du es zum Ausdruck bringst. Du bist ein Wunder. Du bist ein Kanal für die kosmische Energie. Du kamst in diese Welt, um der Welt Hilfe und Heilung zu bringen.

Ich möchte dich aus den Krisen des Lebens hinausführen in eine neue Bewußtseinsebene, wo du erkennen kannst, daß du nicht das Opfer äußerer Umstände bist, sondern Schöpfer deines Lebens und deiner eignen Realität. Ich möchte dir zeigen, wie du diese höhere Bewußtseinsebene erreichen kannst. Dies ist kein Buch, das man nur liest und dann wegstellt, sondern ein Buch, um damit zu arbeiten. Nur die kontinuierliche Arbeit an uns selbst bringt uns weiter. Dieses Buch möchte dich auf deinem ganz persönlichen Transformationsprozeß begleiten, hinein in eine neue Ebene voller Licht und Liebe. Öffne dein Herz und ermögliche deinem Geist, neue Wege zu suchen, zu größerem Glück und zur göttlichen Fülle. Du bist ein Wunder. Lebe es!

Wir leben in einer Zeit der Erneuerung, der Umwandlung. Es ist eine Zeit voller Krisen, aber auch voller Hoffnung und Möglichkeiten zur Veränderung. Wir verlassen das Fischezeitalter, das Zeitalter der Materie, und machen uns bereit für das Wassermannzeitalter, das Zeitalter des Geistes. Es ist ein Zeitalter der Erweckung und der Erneuerung. Wie zu allen Zeiten der Veränderung, wird es auch hier Turbulenzen geben. Du hast die Wahl, wie du diese Zeit erleben willst, voller Angst und Panik, bald hierhin, bald dorthin getrieben, oder voller Liebe und Zuversicht. Wenn du verstehst, daß du der Schöpfer deiner eigenen Realität bist, wird es dir leicht fallen, auch in den Zeiten der Turbulenzen voller Liebe und Harmonie zu sein und in deiner Mitte zu bleiben.

So laßt uns den Weg gemeinsam gehen - in ein neues Morgen, voller Liebe und Hoffnung.

DIE ZEIT IST NAHE

Ein neuer Weltentag bricht an,
der Nichterkenntnis Schleier fallen.
Es grüßen dich der Sterne Bahn,
der hohen Liebe goldne Strahlen.

Laß dich vom Erdentraum erwecken,
daß sich die Geisteskraft enthülle.
Neu wirst das Leben du entdecken
in seiner unbegrenzten Fülle.

Hab'Mut, entfalte deine Schwingen,
die Seele kennt nicht Raum noch Zeit.
Du wirst mit Freude nun vollbringen,
was in dir ruht in Ewigkeit.

Leider weiß ich nicht, von wem dieses wunderbare Gedicht ist, aber ich möchte es gerne mit dir teilen.

Dein göttliches Potential

Wir alle haben viele alte Glaubensmuster in uns, mit denen es aufzuräumen gilt. Es ist wichtig, ab und zu einen mentalen Hausputz zu halten und alle begrenzenden Verhaltensmuster auszuräumen, sie loszuwerden, um damit frei zu werden für neue, positive Glaubensmuster. Laß alles hinter dir, was dich einschränkt, und glaube nicht, daß irgend jemand in der Lage ist, dir Grenzen zu setzen. Der einzige Mensch, der dich begrenzt, bist du selbst. Du allein bist für dein Leben verantwortlich. Alle Menschen tragen das gleiche göttliche Potential in sich, bei manchen ist es noch nicht entdeckt worden; andere wissen darum, sind aber nicht ausdauernd genug in ihrem Bemühen, auf ihrem Entwicklungsweg voranzukommen. Wenn du dein göttliches Potential entdeckst und es lebst, werden viele Wunder in deinem Leben geschehen. Bist du bereit für die Wunder in deinem Leben?

Suche nicht im Außen nach deinem Glück, nach Liebe und Anerkennung, denn dort wirst du sie nicht finden. Aber in dir, möglicherweise tief verborgen, gibt es einen Ort, wo deine Seele ihrem Gott begegnen kann. Dort ist dein göttliches Potential. Dort schlummern verborgen in dir Gottes Liebe, Allmacht und Herrlichkeit. Wenn du von dort aus lebst und handelst, wird sich dein Leben in kurzer Zeit verwandeln. Suche diesen Ort so oft wie möglich auf, um dort Rat und Hilfe zu finden.

Alles, was du brauchst, um diese Verwandlung herbeizuführen, ist die Offenheit und Bereitschaft, alle Dinge in deinem Leben auf eine neue Weise zu betrachten. Vertraue dich deiner göttlichen Führung an. Sie wird dich in die Freiheit, in die Liebe und in die Fülle führen.

Wenn du bereit bist, dein Leben auf eine neue Weise zu betrachten, wirst du feststellen, daß dein Leben in all seiner Vielfalt genau richtig verlaufen ist, weil es dich zu dem Punkt geführt hat, an dem du jetzt stehst. Es hat dich zu dem Menschen werden lassen, der du heute bist. Jede Krise war eine Chance, jeder Stolperstein eine Möglichkeit für dich. Vielleicht glaubst du, daß manches, was dir widerfahren ist, Zufall war. Im Universum, ihr Lieben, gibt es keine Zufälle. Alles verläuft in vollkommener göttlicher Ordnung.

Betrachte einmal dein Leben als ein großes Mosaik, mit vielen Farben, Facetten und Mustern. Manches alte Muster wirst du entfernen müssen, damit dein Mosaik farbiger und leuchtender wird. Gestalte das Bild deines Lebens so schön wie möglich.

Vielleicht befindest du dich gerade jetzt in einer tiefen Krise. Oder du fragst dich, warum passiert dies gerade mir? Warum straft Gott mich mit Krankheit, mit Arbeitslosigkeit oder dem Verlust eines Menschen? Warum habe ich nie Geld? Warum bin ich stets erfolglos? Warum habe ich keine liebevolle und harmonische Beziehung?

Ihr Lieben, Gott straft niemanden, sondern er liebt uns alle immer gleich. Oder hast du das Gefühl, daß Gott dich in deiner Krise verlassen hat? Gott hat und wird dich niemals verlassen. Man kann es nicht schöner ausdrücken, als mit:

SPUREN IM SAND

Ich träumte eines Nachts, ich ging am Meer entlang mit meinem Herrn. Und es entstand vor meinen Augen, Streiflichtern gleich, mein Leben. Für jeden Abschnitt, wie mir schien, entdeckte ich je zwei Paar Schritte im Sand; die einen gehörten mir, die anderen meinem Herrn.

Als dann das letzte Bild an mir vorbeigeglitten war, da sah ich zurück und stellte fest, daß viele Male nur ein einziges Paar Schritte im Sand zu sehen waren.

Diese zeichneten die Phasen meines Lebens, die mir am schwersten geworden waren.

Das machte mich verwirrt, und fragend wandte ich mich an den Herrn: „Als ich dir damals alles, was ich hatte, übergab, um dir zu folgen, da sagtest du, du würdest immer bei mir sein.

Doch in den tiefsten Nöten meines Lebens sehe ich nur ein Paar Spuren hier im Sand. Warum verließest du mich denn gerade dann, als ich dich so verzweifelt brauchte?"

Der Herr nahm meine Hand und sagte: „Nie ließ ich dich allein, schon gar nicht in den Zeiten, da du littest und angefochten warst. Wo du nur ein Paar Spuren hier im Sand erkennst, da trug ich dich auf meinen Schultern."

Aus Taizeh

Alles, was dir widerfährt, geschieht zu deinem Besten, auch, wenn du den Sinn noch nicht erkennen kannst.

Um alles, was dir geschieht, hast du gebeten, zumeist unbewußt. Es geschieht zu deinem Wachstum und du kannst daraus lernen. Es kommt nicht darauf an, in welcher Krise du gerade steckst, sondern welches Fazit du daraus ziehst. Vielleicht hast du dich jahrelang über deinen Job beklagt, hast ihn verwünscht und wolltest ihn nicht mehr haben. Jetzt hat man dir gekündigt, du bist arbeitslos geworden. Zufall? Wohl kaum. Schicksal oder Chance? Das kommt ganz darauf an, wie du nun damit umgehst. Niemand hat dich mit Arbeitslosigkeit gestraft, sondern du wolltest diesen Job nicht mehr haben! Du hast es immer wieder in dein Unterbewußtsein einprogrammiert.

Hier ist deine Chance. Setze dir ein neues Ziel! Lebe das, was du schon immer gerne leben wolltest. Wolltest du schon immer gerne selbständig sein? Jetzt erhältst du die Möglichkeit dazu. Laß die Vergangenheit los, sie ist vorbei, du kannst sie heute nicht mehr leben. Bleibe nicht in deinen Problemen stecken. Vor allem aber ärgere dich nicht über die Ungerechtigkeit der Welt. Der Ärger würde dich nur zusätzlich krank machen und du würdest nur dein Problem sehen, aber keine Lösungsmöglichkeiten finden.

Wende dich nach innen und suche nach neuen Möglichkeiten. Du hast die Erfahrung gemacht, daß du mit deinen Gedanken alles erschaffen kannst, was du möchtest. Nutze die Gelegenheit, die sich dir bietet, und erschaffe das, was du leben möchtest. Laß dich nicht von deinen Ängsten davon abhalten. Sorge dich nicht um das Morgen. Beklage dich nicht über ein ungerechtes Schicksal, das dich unverhofft getroffen hat. Erkenne, daß du der Meister deines Lebens bist. Du schaffst deine Realität. Im positiven, wie im negativen Sinn. Verstecke dich nicht hinter der „ Alibifunktion“ daß die Zeiten immer schlechter und immer mehr Menschen arbeitslos werden. Es liegt in deiner Hand, wie sich dein zukünftiges Leben gestalten wird. Beginne gleich jetzt damit, dir eine neue Realität zu schaffen. Es gibt keinen besseren Augenblick dafür als diesen!

Grüble nicht über die Vergangenheit nach, es bringt dich nicht weiter. Lerne aus deinen Erfahrungen.

Gebrauche keine Ausreden und laß das „ja aber“ los.

Verschwende keine Zeit mit nutzlosen Grübeleien. Es ist unwiederbringlich verlorene, kostbare Zeit. Du bist der Herr deiner Zeit, und nur du entscheidest, womit du sie verbringen willst. Jetzt ist der Augenblick, dir eine neue, wundervolle Zukunft zu schaffen.

Lege das Buch einen Augenblick auf die Seite und frage dich: „Was will ich wirklich? Welchen Beruf möchte ich gerne ausüben?“ Alles beginnt in deiner Vorstellung. Nutze die Zeit für deine positiven Visionen. Gestalte in Gedanken alles so schön, wie du es gerne haben möchtest. Begrenze dich nicht selbst. Auch wenn du dir noch nicht vorstellen kannst, wie du deine Ziele verwirklichen sollst, Gott kennt die Möglichkeit bereits. Vertraue, und Hilfe wird dir zuteil. Sei achtsam, damit die unbewußten negativen Programme dich nicht wieder von deiner Idee abbringen. Nimm dir wirklich Zeit, in die Stille zu gehen und deine Visionen so schön und effektiv wie möglich zu gestalten. Du bist ein strahlendes göttliches Wesen, und du erschaffst deine eigene Realität.

DAS VERMÄCHTNIS

Erlösung kommt von innen, nicht von außen,
und wird erworben nur und nicht geschenkt.

Sie ist die Kraft des Inneren, die von draußen
rückstrahlend deines Schicksals Ströme lenkt.

Was fürchtest du? Es kann dir nur begegnen,
was dir gemäß und was dir dienlich ist.

Ich weiß den Tag, da du dein Leid wirst segnen,
das dich gelehrt, zu werden, was du bist.

Ephides

„Was immer du zu tun oder zu träumen vermagst,
wag dich nur frisch daran -
Kühnheit trägt Genie, Kraft und Magie in sich."

Goethe

Erwecke deine inneren Kräfte. Alles ist in dir. Alles Wissen des Universums ist in dir gespeichert. Nur in der lauten Geschäftigkeit des Alltags kommst du nicht an dieses Wissen heran. Dafür mußt du in die Stille gehen.

Sei überzeugt davon, daß du deine Träume verwirklichen kannst. Du kannst alles erreichen. Erschaffe dir eine Vision und bleibe dieser Vision treu. Erschaffe vor deinem inneren Auge genau das, was du leben möchtest. Wenn du wirklich dein Leben verändern willst, besteht der erste Schritt darin, daß du dir darüber klar wirst, was du wirklich möchtest. Viele Menschen haben Wünsche und Träume, aber ihnen fehlt der Entschluß, diese Vorstellungen und Visionen in die Tat umzusetzen. Transformationsprozesse gehen immer mit Arbeit an uns selbst einher.

Beginne gleich hier und jetzt damit, die volle Verantwortung für dein Leben zu übernehmen. Du bist es wert, ein fröhliches, glückliches Leben, voller Liebe, Harmonie und Wohlstand zu führen. Es gibt keinen besseren Augenblick dafür, dein Leben zu verändern als diesen, jetzigen Moment. Verschwende keine Zeit, sondern beginne sofort damit, dich aufzumachen in eine bessere Zukunft. Sieh deine Krise nicht als Schicksal, sondern als Chance, ein neues, wunderbares Leben zu beginnen.

Entdecke die enorme Kraft deiner Gedanken. Du bist, was du denkst. Dein ganzes Leben wird von deinen Gedanken und deiner geistigen Einstellung beeinflußt.

Beginne dein Leben zu genießen. Sei dankbar für all die Segnungen, die dir zuteil werden. Das beste Gebet ist ein Dankgebet. Es gibt so viel zu danken.

Befreie dich von deinen negativen Einstellungen dem Leben gegenüber. Nutze deine dir von Gott gegebene Freiheit und aktiviere dein schöpferisches Denken, um in deinem Leben das zu erschaffen, was du wirklich möchtest.

In dir sind unglaubliche Kräfte verborgen. Höre auf, dich zu bemitleiden und als Opfer äußerer Umstände zu sehen und anderen Menschen oder deinen Lebensumständen für die Mängel in deinem Leben die Schuld zuzuweisen. Viele Menschen sagen: „Ich kann nicht, weil..." *Ich kann nicht* macht dich zum Opfer äußerer Umstände. Tritt aus der Opferrolle heraus und erkenne die unendlichen Möglichkeiten, die du hast. Wenn du etwas nicht tun möchtest, muß es heißen: „Ich will nicht." *Ich will nicht* macht dich zum Meister deines Lebens. Gib nicht deinen Eltern die Schuld dafür, daß du in deinem Leben nicht das erreicht hast, was du gerne erreichen wolltest. Das wäre eine Opfergeschichte. Wenn du bisher nicht das in deinem Leben erreicht hast, was du dir vorgenommen hast, dann deshalb, weil es nicht richtig für dich war oder noch nicht der richtige Zeitpunkt. Oder du hast nicht deine ganze Energie dafür aufgewandt, dir das zu schaffen, was du gerne leben wolltest. Verschwende keine Zeit und Energie mehr damit, anderen die Schuld für deine mißliche Lage zu geben, sondern nutze deine Zeit und deine Kraft dafür, dir ein neues und schönes Morgen zu schaffen. Sei bereit für die Wunder deines Lebens. Gestalte dein Leben in Einklang mit der Liebe Gottes.

Sieh dich gesund, glücklich, wohlhabend und in einer harmonischen Partnerschaft leben. Das Universum ist voller Licht und Liebe, öffne dich dafür. Du brauchst es nicht zu verdienen, es ist dein Geburtsrecht. Du bist Gottes geliebtes Kind, und Gott möchte dich teilhaben lassen an seiner Liebe und Fülle. Die Liebe ist die mächtigste Kraft im Universum. Mit ihr kannst du alles heilen. Entferne dich nicht von dieser Liebe und Fülle. Das Glück ist in dir. Laß die Liebe und die Freude fließen, und dein ganzes Leben wird sich wandeln. Was bedeutet Glück für dich? Für den Dichter Clemens von Brentano bedeutet es dies:

GLÜCK

Glück ist gar nicht mal so selten,
Glück wird überall beschert,
vieles kann als Glück uns gelten,
was das Leben uns so lehrt.

Glück ist jeder neue Morgen,
Glück ist bunte Blumenpracht,
Glück sind Tage ohne Sorgen,
Glück ist, wenn man fröhlich lacht.

Glück ist Regen, wenn es heiß ist,
Glück ist Sonne nach dem Guss,
Glück ist, wenn ein Kind ein Eis ißt,
Glück ist auch ein lieber Gruß.

Glück ist Wärme, wenn es kalt ist,
Glück ist weißer Meeresstrand,
Glück ist Ruhe, die im Wald ist,
Glück ist eines Freundes Hand.

Glück ist eine stille Stunde,
Glück ist auch ein gutes Buch,
Glück ist Spaß in froher Runde,
Glück ist freundlicher Besuch.

Glück ist niemals ortsgebunden,
Glück kennt keine Jahreszeit,
Glück hat immer der gefunden,
der sich seines Lebens freut.

Clemens v. Brentano

Die Freude ist unsere stärkste Energiequelle, nur wir entfernen uns so oft von ihr. Meister Eckhart hat einmal vor einer Gruppe von Menschen gesagt:

„Freude ist der Klang der Welten, warum ist sie nur bei euch so selten?"

Die meisten Menschen suchen die Freude und das Glück im Außen und doch werden sie es nur in ihrem Innern finden.

Beginne zunächst damit, auf deine Gedanken zu achten. Sei in nicht wertendem Gewahrsein. Gedanken sind Kräfte, sind Mächte, die ins Universum hinausgehen und dort etwas sehr Kraftvolles bewirken. Deine Gedanken verwirklichen das, was du ständig denkst. Deine Ängste ziehen das zu dir heran, wovor du Angst hast. Wie sind deine Gedanken? Sind sie positiv oder destruktiv? Wenn du etwas in deinem Leben verändern möchtest, so beginne auf der gedanklichen Ebene damit. Sie ist die einzige Ebene, auf der du etwas bewirken kannst. Zuerst kommt der Gedanke, dann folgt die Tat. Es ist stets deine Wahl, ob du positiv oder negativ denken möchtest. Alle deine Gedanken und alles, was du sagst, wird in deinem Unterbewußtsein wie in einem riesigen Speicher einprogrammiert. Dein Unterbewußtsein kann jedoch nicht selektieren, sondern führt nur das aus, was du ihm einprogrammierst. So lösen deine Gedanken nicht nur im Universum, sondern auch in deinem Unterbewußtsein bestimmte Verhaltensketten und Mechanismen aus. Durch deine Gedanken und die unerschöpfliche Speicherkapazität deines Unterbewußtseins kannst du alles erreichen, was du wirklich möchtest. Sei dir dessen immer bewußt.

Alles im Universum ist Schwingung, langsame und schnelle. So hat auch jede Krankheit eine ganz bestimmte Schwingung. Wenn du zum Beispiel Angst vor Krebs hast, so schwingst du ständig auf der Schwingung dieser Krankheit. Gleiches zieht Gleiches an. Verlasse also diese Schwingungsebene und sieh dich in strahlender Gesundheit.

Hör auf damit, dir selbst Grenzen zu setzen, indem du ständig sagst: „Ich kann nicht, das schaffe ich nie.“

Sei bereit für das Wunder der Transformation.

Entlasse die alten Bilder des Unvermögens und lade dein Unterbewußtsein mit neuen Bildern des Erfolges auf. Stell dir das vor, was du erreichen möchtest.

Viele Menschen kommen nicht weiter, weil sie entweder keine Ziele haben, oder es sich nicht zutrauen, ihre Ziele zu erreichen.

Möglicherweise bist du gerade jetzt in einer tiefen Krise. Vielleicht fragst du: „Warum passiert dies gerade mir?“ „Warum straft Gott mich Krankheit und Arbeitslosigkeit, oder dem Verlust eines geliebten Menschen?“

Ihr Lieben, Gott hat damit nichts zu tun. Alles, was dir widerfährt, geschieht zu deinem Besten, auch wenn du den Sinn oftmals nicht erkennen kannst. Um alles, was dir geschieht, hast du selbst, meist unbewußt gebeten, um daran zu wachsen, um daraus zu lernen. Zu allem, was in dein Leben tritt, hast du eine Resonanz. Sonst könntest du es nicht anziehen. Alles geschieht nur, um dich weiterzubringen auf deinem spirituellen Weg. Oft sieht es so aus, als würden wir schwere Schicksalsschläge erleiden. Wenn wir diesen sogenannten Schicksalsschlag Jahre später aus der Distanz betrachten, stellen wir oft fest, daß uns hier eine ganz besondere Gnade zuteil geworden ist. Sie hat uns weitergebracht auf unserem Entwicklungsweg.

Manche Menschen scheinen immer wieder in die gleichen Konflikte zu geraten. Das geschieht jedoch nur, weil die Lernprozesse nicht gemacht worden sind. Eine Lernerfahrung, die wir noch nicht gemacht haben, wird uns nochmals dargeboten, solange, bis wir sie abschließen konnten.

Wenn wir das wirklich verstanden haben, - daß wir diese Lernprozesse brauchen und uns selbst gewählt haben - können wir aufhören, anderen Menschen die Schuld für unser vermeintliches Unglück zu geben. Wir können ihnen und uns vergeben. Nur so werden wir frei und glücklich leben.

Wir alle sind auf der Suche nach dem Glück. Was aber ist Glück? Was bedeutet für dich persönlich Glück? Wo, glaubst du, findest du dein Glück? Suchst du es bei einem bestimmten Menschen oder in einem fernen Land? Du brauchst nicht auf die Reise gehen. Du kannst es nur in dir finden. Es gibt nur einen Menschen, der dich glücklich machen kann, und der bist du. Um wirklich glücklich zu werden, mußt du zuerst beginnen, dich zu lieben. Liebe und akzeptiere dich so, wie du bist. Du brauchst dich nicht zu verändern, um dich lieben zu können. Du bist so, wie du bist, in Ordnung und liebenswert. Beginne gleich jetzt damit, dich zu lieben, und du wirst Menschen anziehen, die dich ebenfalls lieben.

In dir liegt ein riesiges Potential an Talenten und Möglichkeiten verborgen, die es zu wecken, zu nutzen gilt. Meditationen können dir dabei helfen. Darum ist es so wichtig, in die Stille zu gehen, um dir zu begegnen. Vielleicht bist du jahrelang auf der Flucht vor dir gewesen. Und doch ist es unendlich schön, sich selbst zu begegnen, mit all seinen vielen Facetten und Möglichkeiten. Am Anfang kostet es ein wenig Mut, aber es wird zum spannendsten Abenteuer werden, das du je erlebt hast. Auf deiner Reise ins Glück werden dir viele Wunder begegnen. Es ist nichts Spektakuläres im Außen, sondern eine innere Veränderung, eine Veränderung deiner Wahrnehmung.

Alles, was uns geschieht, nehmen wir auf eine ganz bestimmte Weise wahr. Wir haben dabei nur zwei Möglichkeiten. Entweder wir nehmen liebevoll oder angstvoll wahr. Und so, wie wir eine Situation wahrnehmen, so verhalten wir uns auch. Wir kommen mit unserer Wahrnehmung immer aus der Vergangenheit. Alles, was wir wissen, wurde uns irgendwann in der Vergangenheit gelehrt, sonst wüßten wir es ja nicht. So orientiert sich eine Wahrnehmung immer an der Vergangenheit. Es gibt nur zwei Ebenen der Wahrnehmung, die der Liebe und die der Angst. Die Ebene des Egos und die Christusebene, die Ebene der Liebe. Wenn wir also in einer schwierigen Situation in der Lage sind, von unserer angstvollen Wahrnehmung in die der Liebe hineinzukommen, dann ist ein Wunder geschehen. Nur können wir das nicht immer allein. Aber wir dürfen um Hilfe bitten. Wenn wir in einer angstbeladenen Auseinandersetzung mit einem andern Menschen sind, so bitten wir Gott, Jesus oder den Heiligen Geist um Hilfe. „Bitte, lieber Gott, laß mich das anders sehen. Hilf mir, von meiner Wahrnehmung der Angst in die Liebe hineinzukommen." Glaubt mir, es wird uns augenblicklich Hilfe zuteil. Wir werden ruhig und können die Situation von einer anderen Ebene aus betrachten. Dann ist mit uns ein Wunder geschehen.

Wenn ich also in der Lage bin, von meiner Angst Abstand zu nehmen, gebe ich dem anderen die Möglichkeit, ein Stück von seiner Angst wegzukommen, wenn auch nur für eine kurzen Augenblick, trotzdem ist das Wunder geschehen. Mit anderen Worten, wenn ich bei einem Feind in der Lage bin, in den Frieden hineinzukommen, dann wird das dem anderen helfen. Das braucht nicht im Außen geschehen, es geht um die innere Haltung. Das heißt, immer wenn wir im Frieden sind, tragen wir automatisch zum Frieden in der Welt bei. Unsere innere Haltung ist der Beitrag, den wir für die Welt, für das Universum leisten können.

Es geht dabei nicht um das, was wir im Außen tun oder sagen. Unsere Worte mögen vielleicht freundlich klingen, aber innerlich sieht die Sache schon anders aus. Und darum geht es - um unsere innere Haltung. Die müssen wir uns immer wieder anschauen. Es ist ein Wunder, wenn wir einem Menschen in Liebe begegnen, wo vorher nur Angst ausgetauscht wurde.

Angstvolle Situationen wirken solange weiter, bis wir es gelernt haben, uns die Angst anzusehen und sie in Liebe zu verwandeln. Es nützt uns nichts, unsere Ängste zu verdrängen. Verdrängte Ängste sind wie Dynamit, das jeden Augenblick explodieren kann. Wenn wir unsere Ängste nicht anschauen, werden wir auf Dauer unseren Körper damit schädigen und schließlich krank werden. Wir können nie unser ganzes Angstpotential aufarbeiten, das wäre zu schmerzhaft für uns, aber wir können stückchenweise daran arbeiten.

Viele Menschen sind allerdings schon so sehr von ihren Gefühlen getrennt, daß sie gar nicht mehr wissen, ob sie überhaupt noch Gefühle haben. Sie fliehen geradezu vor ihren Gefühlen und decken sie mit vielerlei Suchtmitteln zu, um nur ja ihre Gefühle nicht spüren zu müssen. Auf diese Weise wird die innere Leere immer stärker und die unbewußte Angst massiver.

Das zu verändern, erfordert zu Beginn ein wenig Mut und Selbstvertrauen, aber dann erleben wir es als unwahrscheinliches Glück und alle unserem Leben beteiligten Menschen mit uns. Wir kommen damit heraus aus der Abhängigkeit von anderen. Wir sind es gewohnt, uns als Opfer anderer Menschen und unserer Lebensumstände zu fühlen. Werden wir aufmerksam für die Teile in uns, die sich gerne zum Opfer machen, aber verurteilen wir sie nicht, sondern treffen wir eine andere Wahl. Die Opferrolle ist lediglich ein Wahl, und wir können jederzeit um Hilfe bitten, eine andere Wahl treffen zu können. Sieh dich nicht mehr als

Opfer der Welt, sondern als Meister deines Lebens. Übernimm die Verantwortung für dein Leben, in vollem Vertrauen darauf, daß es die andere Instanz gibt, den Heiligen Geist, der dich liebt, leitet und versorgt. Wenn du aus deiner Opferrolle heraustrittst, kannst du auch andere Menschen als unschuldig wahrnehmen und bist in deinem Christusbewußtsein.

Hier gibt es keine Krisen und kein Leiden, sondern nur reine Liebe. Diese Liebe führt dich zu dir.

Wir sind es gewohnt, daß wir unser Glück oder Unglück in die Hände anderer Menschen oder Umstände legen. Wenn unser Leben dann nicht so verläuft, wie wir es gerne hätten, sagen wir: „Du bist schuld." Und doch, welche Befreiung zu erfahren, daß wir unserer Leben selbst gestalten können.Wenn wir allerdings in Angst und Schrecken feststecken, ist es dringend notwendig, Gott um Hilfe zu bitten und nicht zu versuchen, uns gewaltsam daraus zu befreien. Gott kennt immer Mittel und Wege, uns zu helfen. Auf ihn können wir uns immer und zu allen Zeiten verlassen. In schwierigen Situationen ist es daher notwendig, sich nach innen zu wenden und um Führung zu bitten. Laßt uns Gott bitten, alles mit uns zu teilen. Wir können jederzeit mit Gott sprechen und mit ein wenig Übung auch seine Stimme hören. Es ist allerdings keine laute Stimme, sondern es ist das gedankenfließende Wort oder die lautlose Stimme.

Wenn wir uns seiner Führung anvertrauen, wird uns Erkenntnis und Hilfe zuteil.

Eine weit verbreitete Angst ist der Ärger. Ärger erzeugt Aggressionen, die uns krank machen. Nervöse Verspannungen entstehen und die körperlichen Ausscheidungssysteme werden blokkiert. Die Schilddrüse reagiert über und auf Dauer wird das Herzreizleitungssystem geschädigt. Wir sollten uns einmal anschauen, worüber wir uns ärgern. Wir haben bestimmte Erwartungshaltungen, und diese Erwartungen werden von anderen Menschen nicht erfüllt. Wir sind enttäuscht und projizieren unseren Ärger auf andere Menschen oder Situationen. Also ist der Ärger immer eine Begleiterscheinung der Projektion. Aber auch eine Folge von angstvoller Wahrnehmung. Wenn wir es lernen, liebevoll wahrzunehmen und von anderen Menschen nichts mehr erwarten, entfallen viele Gründe für unseren Ärger.

Manche Menschen sind geradezu süchtig danach und suchen den Ärger, weil er ihnen die Möglichkeit gibt, sich als Opfer äußerer Umstände zu sehen.

Ärger ruiniert deine Gesundheit und deine Schönheit. Warum solltest du also daran festhalten wollen? Je bewußter du mit deinen Ängsten umgehst, desto weniger wirst du „Grund" haben, dich zu ärgern.

Manchen Menschen steht der Ärger geradezu ins Gesicht geschrieben. Es gibt niemanden, der dich ärgern könnte, es sei denn, du läßt es zu. Warum aber solltest du es ernsthaft wollen, es kostet dich nur unnütz Energie und lähmt deine positiven Energien. Für manche Menschen ist der Ärger regelrecht zur Sucht geworden. Sie versuchen, damit eine innere Leere auszufüllen, genau wie mit anderen Formen der Sucht auch.

Du aber willst dein Leben positiv verändern. So versuche, den Ärger immer mehr abzubauen. Es wird keine Meisterschaft von dir erwartet, sondern nur eine kleine Bereitwilligkeit zur Veränderung. Sei nicht traurig, wenn es dir nicht gleich gelingt, den Ärger hinter dir zu lassen. Es ist ein Entwicklungsprozeß, und ein Prozeß muß sich immer erst entwickeln. Je stärker dein Wunsch nach Veränderung wird, desto mehr wächst auch deine Bereitschaft dazu. Transformationsprozesse brauchen Zeit.

Mehr und mehr wirst du die kosmischen Zusammenhänge begreifen, die jenseits von Raum und Zeit liegen. Du wirst den Sinn deiner Bestimmung erkennen und deine kosmische Aufgabe erfüllen. Du wirst mehr und mehr deiner eigenen Wahrheit vertrauen und unabhängig und frei werden. Du wirst wertvolle Erfahrungen auf deiner Lebensreise machen. Du wirst den Menschen am richtigen Ort, zur rechten Zeit begegnen, die dir auf deinem spirituellen Weg weiterhelfen. Achte auf die Zeichen, die das Universum dir sendet. Mehr und mehr göttliche Fülle wird sich in deinem Leben manifestieren.

Begib dich auf die magische Reise zu dir selbst. Es gibt kein aufregenderes Abenteuer. Finde die Liebe in dir und entdecke das Potential der Freude in dir. So hebst du deine Schwingung an und ziehst all das Wundervolle in dein Leben, das zu dir paßt. Nach dem Gesetz der Resonanz oder dem Gesetz von Ursache und Wirkung ziehen wir nur das an, was eine Entsprechung zu uns hat. Ändere die Ursache, und du veränderst die Wirkung. Die gedankliche Ebene allein ist der Ausgangspunkt: Ändere deine Gedanken, und du veränderst dein Leben.

GEDANKEN

Gedanken sind Kräfte
im Guten und Bösen,
Gedanken können binden,
Gedanken dich lösen

Die Gedanken von heute
sind Taten von morgen,
drum überlege dein Denken,
dann sparst du dir Sorgen!

Gedanken der Liebe,
sie bringen dir Segen;
Gedanken können Erde
und Himmel bewegen.

Gedanken sind Leben,
formen dich und dein Sein.
Sie weben am Schicksal,
befreien vom Schein.

Rechtes Denken ist rechtes Leben,
ist der Freiheit gold'ner Pfad.
Darum übe rechtes Streben,
dann wirst du Meister durch Tat!

H. Ladewig

Beginne einmal damit, deine Gedanken zu beobachten. Wie ist die Grundstruktur deiner Gedanken? Ist sie überwiegend positiv oder negativ gefärbt? Nur wenn du wirklich achtsam bist mit deinen Gedanken, wird es dir auffallen. Wenn du also die gedankliche Ursache verändern willst, um neue positive Wirkungen zu erzielen, mußt du zunächst einmal um deine Gedanken wissen. Bereits in unserer frühen Kindheit haben wir uns eine bestimmte Art zu denken angewöhnt, meistens unbewußt von unseren Bezugspersonen übernommen.

Frage dich einmal, wie die Denkmuster deiner Mutter und deines Vaters ausgesehen haben. Waren sie aufbauend und positiv, oder waren sie überwiegend destruktiv? Wie sahen die Glaubensmuster deiner anderen Bezugspersonen aus - Großeltern, Lehrer oder auch die des Pastors? Auch von ihnen hast du, unbewußt und bewußt, einiges übernommen. Frage dich dann, ob diese alten Glaubensmuster dir auf deinem Weg weitergeholfen haben, oder ob sie dich behindern. Wenn sie dich auch heute noch begrenzen, laß sie los.

Nur weil deine Mutter oder dein Vater vielleicht geglaubt hat, die Welt sei ein Jammertal, muß dies für dich nicht gelten. Ändere deine Geisteshaltung, und dein Leben wird sich verändern. Nicht von heute auf morgen, aber langsam und kontinuierlich. So übernimm die Verantwortung für deine Gedanken immer mehr. Du bist nicht das Opfer anderer Menschen, sondern der Schöpfer deiner eigenen Realität.

Du bist ein Teil der großen Weltenseele, und wenn du deine

Gedankenstrukturen positiv veränderst, hilfst du damit allen Menschen, in einen positiveren Lebensstrom hineinzukommen. Es ist dein göttlicher Geist, der mit allem verbunden ist, und dieser Geist erschafft ständig neues Leben. So wirf den alten Ballast der Vergangenheit ab. Laß deine Ängste los, sie behindern dich nur am Vorwärtsschreiten. Du bist, was du denkst! Möchtest du wirklich all das erleben, was du denkst? Wohl kaum! Also achte fortan auf das, was du denkst, es könnte sich erfüllen. Denke ab sofort nur noch das, was du tatsächlich leben willst. Sei dir bewußt, daß dein Unterbewußtsein wie ein riesiger, neutraler Speicher ist, der alles abspeichert, was du dort eingibst. Stell dir vor, dein Unterbewußtsein ist wie die Festplatte eines Computers. Du bist derjenige, der alle Programme speichert. Jeder Gedanke wird abgespeichert. Der Computer kann auch nicht sortieren, ob das stimmt und sinnvoll ist, was du dort einprogrammierst. Er speichert einfach und ruft die entsprechenden Programme auf Anweisung wieder ab. Genauso macht es dein Unterbewußtsein. Also sei achtsam, was du dort eingibst.

Denke liebevolle Gedanken, voller Freude, Dankbarkeit und Harmonie. Ruhe in deiner Mitte und schaffe dir gedanklich eine wundervolle Zukunft, voller Glück, Liebe und Fülle.

Wie viele Menschen sitzen Abend für Abend vor dem Fernseher oder dem Radio, um nur ja keine Schreckensnachricht zu verpassen. Am nächsten Tag werden all die negativen Botschaften im Büro und auf anderen Arbeitsstellen wieder und wieder „durchgekaut“ und damit bekräftigt. Hast du schon einmal darüber nachgedacht, was du alles in deinen riesigen Speicher, dein Unterbewußtsein, eingibst? Das Unterbewußtsein ist ganz neutral. Es kann nicht selektieren, es speichert nur und ist gleichzeitig ausführendes Organ. Es führt alles aus, was du oder deine Umwelt dort einprogrammiert. Es wird eine Weile dauern, bis du dein Unterbewußtsein von allen negativen Programmierungen befreit und diese durch positve ersetzt hast. Hab Geduld und sei beharrlich, es geht nicht im Eilzugtempo.

Auf der magischen Reise zu dir wirst du auch deinen Schattenseiten begegnen - all jenen verdrängten Aspekten, die dich behindern. Alle Menschen tragen solche Relikte der Vergangenheit mit sich herum, die sie daran hindern, in der Gegenwart frei und glücklich zu leben. In meinen beiden Büchern *Finde die Liebe in Dir* und *Der Weg der unsterblichen Seele* habe ich bereits viele Möglichkeiten aufgezeigt, wie man mit der Vergangenheitsbewältigung umgehen kann. Es gibt immer Möglichkeiten, etwas aufzuarbeiten, etwas loszulassen. Wenn wir aber den Weg der Einweihung gehen wollen, müssen wir unsere Schattenaspekte anschauen, um dann das strahlend helle Licht in uns zu finden. Wir müssen den vergifteten geistigen Müll beseitigen, um zu dem strahlend hellen Licht in uns vorzudringen. Dazu bedarf es Zeiten der Stille und der inneren Einkehr. Auf diese Weise kannst du all das, was dich in deinem bisherigen Leben eingeschränkt hat, loslassen. Richte dein Bewußtsein auf das Christusbewußtsein in dir.

Vielleicht hast du bereits alle Hoffnung auf eine positive Veränderung in deinem Leben aufgegeben. Jetzt ist der Zeitpunkt gekommen, dein Leben neu zu überdenken und zu wandeln. Glaube an dich und an die vielen Möglichkeiten in deinem Leben. Laß dich ein auf die wunderbaren kosmischen Hilfen, die uns allen zuteil werden, wenn wir darum bitten und uns dafür öffnen. Wenn du einen Quantensprung machen möchtest, mußt du alles hinter dir lassen, was in deinem Leben mit Angst besetzt ist. Vielen drastischen Veränderungen im Leben eines Menschen geht eine Krise voran.

Jede Krise birgt eine Chance. Es ist immer eine Aufforderung, nach innen zu schauen. Es ist Zeit für eine Transformation. Folge deiner inneren Stimme. Es ist die Stimme deines Hohen Selbst. Sie wird dich führen und leiten. Auch deine Geistführer sind stets an deiner Seite, um dir bei deinem spirituellen Wachstum zu helfen. Du hast bei jeder Krise die Wahl, ob du daran wachsen oder zerbrechen willst. Dein freier Wille ist dein größtes Gottesgeschenk. Auch wenn du zur Zeit verunsichert und ängstlich bist, wirst du die Situation mit Hilfe deines Hohen Selbst meistern. In Krisenzeiten brauchen wir die Anbindung ans Göttliche notwendiger als irgend etwas anderes. Hier findest du Führung, Hilfe, Schutz und all die Liebe, nach der du dich so sehnst. Sei offen für die kosmischen Ideen und die Heilung auf allen Ebenen, der körperlichen, der seelischen und der emotionalen Ebene. Hier findest du alles Wissen, was du brauchst. Du hast es als Rüstzeug in deine Inkarnation mitgebracht. Entdecke dieses göttliche Potential in dir und lebe es.

Wenn du von ganzem Herzen bereit zur Veränderung bist, wird dir alle Hilfe des Universums zuteil. Niemand muß den Weg allein gehen. Wende dich wieder liebevoll dir selbst und dem Leben zu. Folge dem Weg deines Herzens und werde dir darüber klar, was du leben möchtest. Höre auf, nur auf das zu reagieren, was andere Menschen mit dir tun. Lerne, deiner Intuition zu vertrauen. Die meisten Menschen haben eine gute Intuition. Nur haben sie Angst, ihr zufolgen. Die tägliche Meditation ist eine große Hilfe, mit der eigenen Intuition und der göttlichen Führung in Verbindung zu kommen. Je mehr du lernst, deiner Intuition zu vertrauen, desto stärker wird sie.

Viele Menschen haben die Verbindung zu ihrem wahren Selbst verloren. Sie haben sich von ihrer inneren Führung gelöst und fühlen sich dadurch allein und unvollkommen. Je länger wir von unserer inneren Quelle abgeschnitten sind, desto leidvoller und schmerzlicher ist unser Leben. So ist es oft notwendig, eine Kurskorrektur unseres Lebensschiffes vorzunehmen. Du bist der Kapitän deines Lebensschiffes, und nur du bestimmst den Kurs! Wenn du von deinem Seelenkurs abgekommen bist, kann es leicht passieren, daß du in einen Sturm gerätst. Nimmst du eine Kurskorrektur vor, kann dein Schiff wieder in ruhige Gewässer laufen. Dein Hohes Selbst ist der Kompaß, der dir den Weg weist. So achte darauf, daß du den Kompaß nie aus den Augen verlierst.

Wir alle sind auf der Suche nach unserer Vollkommenheit. Nur suchen die meisten Menschen ihre Vollkommenheit im Außen statt im nnen. Sie wenden sich einem Partner zu in der Hoffnung, der werde dafür sorgen, daß sie sich glücklich und vollkommen fühlen. Finde die Vollkommenheit in dir. Auf diese Weise wirst du ein freies göttliches Wesen, eigenständig, autark und vollkommen!

Erst wenn wir wieder Zugang zu unserem wahren Selbst, unserer göttlichen Seele, finden, werden wir dauerhaft glücklich und vollkommen sein.

Der Christus in dir ist immer da. Er wartet geduldig darauf, bis du den Weg wieder zu ihm findest. Du kannst ihn hier und jetzt finden. Mach dich gleich auf. Niemand kann dich davon abhalten, ihm zu begegnen, nur du allein.

Krankheit - Schicksal oder Chance?

Viele Menschen sind durch die Krise einer Krankheit gegangen und dadurch auf den spirituellen Weg gekommen. Manche sind daran zerbrochen und haben Gott die Schuld an ihrer Krankheit gegeben. Alles, was wir seelisch nicht ausleben, sondern verdrängen, manifestiert sich im Körperlichen. Unser Körper ist der Spiegel der Seele. So können wir die Botschaften des Körpers nutzen, um auf die Hilfeschreie der Seele zu achten. Oft überhören wir jahrelang das sanfte Mahnen der Seele und werden erst aufmerksam, wenn uns die Krankheit in eine ernsthafte Krise stürzt, die dann die Chance bietet, eine Änderung in unserem Leben vorzunehmen. Die Krankheit gibt uns die Möglichkeit, über uns nachzudenken und wieder in die Einheit mit dem Göttlichen zurückzukommen. Lernen wir frühzeitig, auf die Botschaften unseres Körpers zu hören.

Auch Schmerzen sind eine liebevolle Botschaft des Körpers. Da Schmerzen jedoch unangenehm sind, greifen die meisten Menschen zur Tablette, um den Schmerz zu übertönen und verschenken somit die kostbare Möglichkeit, die Botschaft des Körpers zu hören. Das ist eine Form der Verdrängung. Die Botschaft wird wiederkommen, dann aber in verstärkter Form. Wenn wir aber unseren göttlichen Geist einsetzen, um meditativ die Botschaft unserer Seele zu verstehen, wird es uns gelingen, hinter die Ursache des Symptoms zu kommen. So können wir eine Korrektur vornehmen.

„*Es ist der Geist, der sich den Körper baut*", hat Goethe gesagt.

Zunächst einmal müssen wir verstehen, daß wir nicht der Körper sind. Wir haben einen Körper, aber wir sind nicht der Körper. Der Geist ist der Herrscher über alle unsere Zellen und Organe, über Muskeln, Nerven und Sehnen. Der Geist ist unsterblich.

Viele Menschen schädigen ihren Körper durch eine ungesunde Lebensweise und wundern sich dann, wenn dieser krank wird. Der Körper ist der Tempel des Geistes, wir sollten liebevoll und pfleglich mit ihm umgehen.

Die eigentliche Ursache der Krankheit ist jedoch eine andere: Wir haben vergessen, daß wir Gottes geliebte Kinder sind, die von ihrem Schöpfer als vollkommene Wesen geschaffen wurden. Die Heilung muß also auf geistigem Wege geschehen. Die Tranformation muß im Bewußtsein stattfinden, damit sie im Körper wirksam werden kann.

Halte einen Moment inne und frage dich, wo die Ursachen für deine Beschwerden liegen. Wo bist du von deinem Seelenkurs abgekommen? Wo sollte eine Korrektur stattfinden? Bitte dein Hohes Selbst, dir zu zeigen, wo du den Weg deiner Bestimmung verlassen hast. Meditiere darüber. Lebst du wirklich das, was du dir vorgenommen hast? Bist du auf dem richtigen Seelenkurs? Oder bist du vom Kurs abgekommen und dein Lebensschiff schlingert ohne die rechte Steuerung daher? Werde dir dessen bewußt, bevor eine Krankheit dich auf den richtigen Weg führen muß.

Manche Menschen treiben Raubbau mit ihren Kräften. Sie glauben, sich für andere Menschen aufopfern zu müssen und wundern sich dann, wenn ihr Nerven - und Kraftpotential immer schwächer wird. Wie gehst du mit deinen Kräften um? Gönnst du dir die nötigen Pausen?

Krankheit entsteht auf zwei Ebenen:

1. Auf der geistigen Ebene. Wir glauben, von Gott, unserem Ursprung, getrennt zu sein.

2. Wir fühlen uns durch dieses Getrenntsein nicht mehr vollkommen und leben daher nicht in vollkommener Harmonie mit dem Leben. Wir leben die Liebe und die Freude nur noch unvollkommen. Dadurch entsteht ein Zustand des Mangels, und der manifestiert sich im Körperlichen.

So wird Gesundheit oder Krankheit von deiner inneren Einstellung, deiner mentalen Haltung beeinflußt. Es liegt bei dir, ob du gesund und voller Energie oder voller Leiden und Krankheit durchs Leben gehen willst. Du bist nicht das Opfer einer krankmachenden Welt, sondern Schöpfer deiner eigenen Gesundheit.

Wenn du gesund bist, dann genieße deine Gesundheit; wenn du krank bist, dann arbeite auf allen Ebenen daran, gesund zu werden. Betrachte deine Krankheit als einen Entwicklungshelfer oder einen Freund, der dir hilft, auf deinem spirituellen Weg weiterzukommen. Frage nach der Botschaft der Krankheit. Hast du sie erkannt und kannst das Muster, das dich krank macht, ablegen, bist du eine gutes Stück auf deinem Entwicklungsweg weitergekommen und kannst mit deiner Heilung beginnen. Dieses Muster aufgeben, macht die Krankheit überflüssig. Es bringt dich wieder in den göttlichen Fluß.

Du siehst, wie wichtig es ist, sich mit der Ursache der Erkrankung zu beschäftigen. Auf diese Weise arbeitest du an der Erweiterung deines Bewußtseins, und die Krankheit wird zu deiner ganz besonderen Gnade. Sie zeigt uns, wo wir etwas versäumt haben zu leben.

Wir alle sind auf der Suche nach unserer Bestimmung. Die

Krankheit kann ein wichtiger Wegweiser sein. Manchmal ist sie auch ein Umweg, den wir gegangen sind, und gibt uns so die Möglichkeit, den richtigen Weg wiederzufinden. Wir sind ein Stück näher zu uns selbst gekommen. Das gibt uns neue Energie. Aus der Erkenntnis wachsen Heilung, Kraft und neue Lebensfreude.

Stell dir auch einmal die Frage, was der Sinn dieser Erfahrung war? Welches Fazit kannst du daraus ziehen? Werde offener für die Botschaften deiner Seele. Sei bereit für ein Leben in Gesundheit, Liebe, Harmonie und göttlicher Fülle.

Hier möchte ich eine Meditation mit dir teilen, damit du hinter das Muster deiner Erkrankung kommen kannst. Du kannst sie immer dann machen, wenn etwas mit deiner Gesundheit nicht in Ordnung ist. Dein Körper wird dir zeigen, wo eine Korrektur in deinen Gedanken notwendig ist.

Und bitte vergiß nie, Gott um Schutz während deiner Meditation zu bitten.

Setze dich an einen ruhigen Platz, von dem du sicher bist, daß dich niemand stören wird. Und stell auch das Telefon ab.

Sprich die Meditation am besten auf eine Kassette.

Beginne mit deinem Schutzgebet, und dann beobachte eine Weile deinen Atem. Konzentriere dich ganz auf das Ein - und Ausatmen. Atme tief ein und aus. Atme die göttliche Liebe ein und lasse mit jedem Ausatmen alles los, was dich belastet. Lasse mit jedem Atemzug den Alltag mehr und mehr los und sei ganz bei deinem Atem. Sinke mit jedem Atemzug mehr und mehr in die Stille.

Nun stell dir bitte vor, daß aus deinen Füßen dicke Wurzeln wachsen, die du, wie ein Baum, tief und breit in die Erde ver-

senkst. Sei mit deinem Bewußtsein ganz in deinen Füßen und lasse mit jedem Atemzug die Wurzeln stärker werden. Spüre die Verbindung zur Erde! Nimm dir Zeit für die Erdung. Sie ist wichtig.

Entspanne deinen ganzen Körper. Beginne bei den Füßen. Konzentriere dich einfach ganz auf deine Füße und Beine. Entspanne alle Muskeln, alle Sehnen, alle Nerven.

Entspanne nun deinen ganzen Bauchraum. Lasse alle Spannungen los und spüre, wie eine immer größere Ruhe in dich einkehrt.

Entspanne nun deinen ganzen Brustraum und deinen Rükken, spüre, wie alles ganz leicht wird. Entspanne auch die Hals- und Nackenmuskeln. Alle Anspannung in diesem Bereich löst sich auf und du fühlst dich ganz wohl, ganz entspannt. Entspanne nun deinen gesamten Kopf, alles wird auch hier leicht und locker.

Und nun stell dir einmal vor, du bist in einem wunderschönen Garten.

Lasse dir Zeit, den richtigen Garten zu finden, der dir gefällt. Es kann sein, daß du den Garten bereits kennst oder du dir einen eigenen Garten erschaffst. Es ist angenehm warm und die Sonne scheint. Sieh den Schmetterlingen zu und lausche dem Zwitschern der Vögel. Mit jedem Atemzug kommst du mehr und mehr zur Ruhe. Sei mit deinem Bewußtsein ganz in deinem Garten.

Gehe nun tiefer hinein in den Garten. Du kommst zu einem alten Schloß mit einem See davor, auf dem wunderschöne Seerosen blühen. Setz dich ein wenig auf eine Bank und lasse all deine Gefühle vollkommen zur Ruhe kommen. Das stille Wasser des Sees beruhigt all deine Emotionen, so daß ein tiefer

Friede in dein Herz einkehrt. Genieße die Schönheit rings um dich herum.

Nachdem du dich eine Weile ausgeruht hast, gehe zum Schloß hinüber. Eine breite Treppe führt zum Schloßportal hinauf. Klopfe an, und das Tor wird sich dir auftun. Du trittst ein in eine wunderschöne Halle. Sieh dich zuerst ein wenig um. Nimm die Stille und die Schönheit in dich auf. Von der Halle des Schlosses gehen viele Türen ab. Über einer steht: Saal der Heilung. Hier tritt ein.

Der Engel der Heilung empfängt dich hier. Er möchte dir helfen, hinter die Muster deiner Erkrankung zu kommen. Er bittet dich, Platz zu nehmen und nimmt aus einem Regal ein dickes altes Buch heraus. Es ist dein Lebensbuch. Er schlägt eine Seite auf, über der steht: „Mentale Krankheitsursachen." Liebevoll steht der Engel neben dir. Das Buch liegt nun in deinem Schoß, und du kannst dir in aller Ruhe die Muster anschauen, die zu deiner Erkrankung geführt haben. Nimm dir Zeit dafür und bitte auch darum, alles behalten zu können. Liebevoll hilft dir der Engel der Heilung, dich an alles erinnern zu können. Manches, was dort steht, war dir sicher bewußt, anders ist dir noch unklar und unverständlich. Bitte den Engel um Hilfe. Er wird dir alles erklären.

Nachdem du alles genau angeschaut hast, fragt dich der Engel der Heilung, ob du diese alten, krankmachenden Verhaltensmuster loslassen möchtest?

Er führt dich zu einer Schale mit einem violetten Feuer, dem Feuer der Transformation. Die violette Flamme wird alles transformieren, was du ihr übergibst. Wirf all das hinein, was du nicht mehr haben möchtest, und bitte um Transformation.

Stell dir dann vor, wie ein violettes Licht von oben in dein

Scheitelchakra, das in der Mitte deines Kopfes liegt, eindringt und deinen ganzen Körper reinigt. Spüre, wie alles Belastende von dir abfällt und du ganz leicht und frei wirst. Denke dabei: „ICH BIN göttliche Heilung." Spüre, wie die göttliche Heilkraft ihr befreiendes Werk in deinem Körper vollbringt.

Bedanke dich nun bei dem Engel der Heilung. Gehe dann den Weg zurück in den Schloßpark. Breite deine geistigen Arme aus und fühle dich frei, in Frieden und Harmonie mit dem Universum.

Atme dann ein paar Mal tief ein und aus. Komme mit jedem Atemzug wieder mehr und mehr in dein normales Tagesbewußtsein zurück. Ganz tief ein und ausatmen. Recke dich und strekke dich. Nimm deine Arme hoch und schüttle sie aus, sei wieder ganz im Hier und Jetzt.

Du fühlst dich ganz wohl, leicht und frei.

Am besten du schreibst dir deine Erlebnisse auf, damit sie dir nicht verlorengehen. Vielleicht mußt du diese Übung mehrmals machen.

Denke immer daran, du bist ein strahlendes göttliches Wesen, das immer in der Liebe Gottes geborgen ist. Gott ist in dir, und du bist in ihm. „ Ich und der Vater sind eins", sagte Jesus. Aber auch du und der Vater seid eins. In ihm bist du vollkommen, jetzt und zu allen Zeiten. Du bist ein unsterbliches, göttliches Wesen. Öffne dein Bewußtsein für die höheren Dimensionen, die zwar nicht sichtbar, aber dennoch real sind. Sei bereit für einen Neuanfang. Jetzt! Heute ist der richtige Augenblick dazu. Erkenne das Glück und die Möglichkeit des jetzigen Augenblicks. Das Universum ist voller Wunder, die nur darauf warten, von dir gelebt zu werden. Bist du bereit?

Mag sein, daß du in deinem Leben schon durch viele dunkle

Täler gegangen bist oder öde Wüstenlandschaften durchwandert hast. Jetzt ist es an der Zeit, durch ein großes Tor in eine liebliche Landschaft und in einen fruchtbaren Garten einzutreten. Sicher bist du auch schon in deinem Leben durch viele Stürme gebeutelt worden. Jetzt kommt die Zeit der Ruhe und der Besinnung auf dein göttliches Selbst.

*Freund, das Ewige liegt meinen
ewigen Augen unverhüllt,
doch der Weltgeist kann erscheinen
Erdenkindern nur im Bild.
Endlicher Verstand kann nimmer
das Unendliche verstehn,
heilige Engel müßt ihr immer
menschlich und euch ähnlich sehn.
Gott selbst, der in allen Dingen
ewig wirkenden Gewalt,
gebt ihr, wollt ihr zu ihm dringen,
eine menschliche Gestalt.
Weil ihr von dem ewig Wahren
nur begrenzte Formen schafft,
wird sich Gott euch offenbaren
formbesetzt und bilderhaft;
will er euch das Ewige schildern
und sein unbegrenztes Reich,
schafft er Bilder, nur in Bildern
redet Gottes Sohn zu euch.*

Dante, Göttliche Komödie

Grenzenlos

Hebe die Begrenzungen in deinem Leben auf und wende dich dem Ewigen, Göttlichen, zu.

Habe Vertrauen in deine göttliche Führung. Sie weiß, was für dich das Beste ist, und sie wird dir jederzeit helfen, wenn du sie darum bittest. Dein Glaube kann Berge versetzen. Nur muß er stark und unerschütterlich sein. Beginne heute ein neues Leben! Genieße dein Leben und verbanne die Sorgen daraus. Es kann zur Gewohnheit werden, sich ständig Sorgen zu machen. Höre jetzt sofort damit auf. Vertraue dem Leben, und es vertraut dir.

Alles, was du dir in deinem Geist vorstellen kannst, wirst du in der materiellen Welt verwirklichen können.

Du bist ein Wunder, glaube daran, und dir werden viele Wunder geschehen. Halte ein Wunder für möglich, und es wird sich manifestieren.

Erwarte nichts von anderen Menschen, und du vermeidest Enttäuschungen. Enttäuscht werden wir immer nur dann, wenn wir an andere eine zu hohe Erwartungshaltung haben. Unsere Mitmenschen sind nicht auf der Welt, um unsere Erwartungen zu erfüllen, sondern, damit wir sie lieben. Es ist unsere Bestimmung zu lieben. Die meisten Menschen glauben, daß es nur darauf ankäme, möglichst viel Liebe zu bekommen. Wir sind in unserem spirituellen Wesen Liebe, und es ist unsere Aufgabe, diese weiterzugeben.

Vergleiche dich nicht mit anderen Menschen.

Die meisten Menschen vergleichen sich ständig mit anderen, und auf diesem Boden wächst der Neid. Neid und Eifersucht sind das größte Hindernis auf unserem Entwicklungsweg. Auf diese Weise stellen wir andere Menschen auf einen Sockel und fühlen uns selbst klein und unbedeutend, oder wir glauben, daß wir die größten und die anderen Menschen wertlos und unbedeutend sind. In unserem spirituellen Sein sind wir alle gleich, wir unterscheiden uns nur im Bewußtsein. Also erwache zu deiner wahren göttlichen Größe, dann kannst du auch die Größe der anderen Menschen neidlos anerkennen.

Höre auf damit, alles und jeden unter Kontrolle haben zu wollen. Laß jeden Menschen so sein, wie er sich zu sein entscheidet.

Lasse deinen Perfektionismus los. Mache deinen Wert nicht mehr an deinen Leistungen fest, sondern wisse, daß dein Wert immer gleich ist, nämlich immer gleich göttlich.

Stimme dich ein auf deine göttliche Weisheit, die in dir liegt. Wenn du aus ihr lebst und in ihr dein Sein hast, steht dir das Universum offen. Bei all deinen Plänen, die dem Wohle des Ganzen dienen, kannst du der Unterstützung der kosmischen Kraft sicher sein.

Übe dich in der täglichen Meditation, denn in ihr kannst du mit deiner inneren, göttlichen Quelle in Verbindung treten. Die beste Zeit zum Meditieren ist der frühe Morgen. Am besten gleich nach dem Aufwachen. Um diese Zeit bist du noch nicht durch die Aktivitäten des Tages belastet, sondern bringst die Stille mit aus der Nacht.

Viele von euch werden nun einwenden, dann muß ich ja noch früher aufstehen. Diese kleine Mühe lohnt sich, und du wirst sehen, wenn du erst einmal damit begonnen hast, wird es dir zum echten Bedürfnis werden. Du wirst merken, daß du in einen wunderbaren Frieden hineinkommst und den Anforderungen des Tages viel besser gewachsen bist. Deine strapazierten Nerven werden mehr und mehr zur Ruhe kommen. Ich werde auch in diesem Buch wieder einige geführte Meditationsanleitungen geben. Später wirst du deine eigene Technik entwickeln. Ich leite seit vielen Jahren eine Meditationsgruppe und bekomme die Anleitungen dazu von meinem Geistführer. Je geübter du im Meditieren bist, desto schneller wirst du in einen Alphazustand hineinkommen, in den Zustand tiefster Ruhe.

Du kannst auch in der Meditation um Lösungen für dein gegenwärtiges Problem bitten. Du wirst auf diese Weise mehr und mehr dein Bewußtsein für die höheren Dimensionen des Lichts öffnen. White Eagle hat einmal so schön gesagt:

„Gebet ist sprechen mit Gott. Meditation ist hören auf Gott."

Es ist so unendlich wichtig für uns, in die Stille zu gehen und uns mit der höheren Macht in uns zu vereinigen. Hier ist alle Weisheit, alle Liebe und unendliche Kraft. All das trägst du in dir. Aber nur in der Stille kannst du dieses Potential erreichen. Darum sagte White Eagle auch:

„In der Stille liegt die Kraft."

Erfahre sie, und du wirst staunen. Hier liegen unendlich kostbare Schätze, die von dir entdeckt werden wollen. Beginne gleich heute damit. Warte nicht erst darauf, bis du Urlaub hast. Schaffe dir innerhalb deines Heimes einen Raum, wo dich keiner stört und du Ruhe hast, dich mit deinem Hohen Selbst zu verbinden.

In meinem Buch *Finde die Liebe in Dir* habe ich eine wunderbare Chakrenmeditation beschrieben. Chakren sind Energieräder, die normalerweise von allein funktionieren. Durch unserer falsches Denken und Handeln blockieren wir diese Energieräder und alle Organe, die zu den einzelnen Chakren eine Entsprechung haben, können ihre Funktion nicht mehr mit der vollen Kraft ausführen, und so entstehen Störungen. Durch das regelmäßige Aufladen der Chakren wirst du wieder zu dem energiegeladenen Menschen, der du von Natur aus bist. Die Müdigkeit schwindet,und du kannst voller Freude und Energie durch den Tag gehen.

Sorge dafür, daß du für die Dauer der Meditation nicht gestört wirst. Schaffe dir einen Raum voller Schönheit und Liebe, denn du willst deinem Gott begegnen. Lege dir eine ruhige Meditationsmusik auf und setze dich entspannt hin. Die Füße stehen nebeneinander auf dem Boden, die Hände liegen locker im Schoß. Sorge für eine aufrechte Sitzhaltung, damit die Energien ungehindert fließen können.

Am besten sprichst du diese Meditation auf eine Kassette, damit du dich ganz der Meditation hingeben kannst. Lasse dir genügend lange Pausen, damit du deine Erfahrungen in Ruhe machen kannst.

Lausche nun ganz entspannt der Musik. Atme entspannt ein und aus, in deinem eigenen Rhythmus und so, wie es dir angenehm ist. Beobachte eine Weile deinen Atem. Mit jedem Atemzug kommst du mehr und mehr zur Ruhe. Die Aktivitäten des Alltags bleiben zurück. Stelle dir nun vor, daß aus deinen Füßen dicke Wurzeln wachsen, wie bei einem Baum. Schicke nun diese Wurzeln tief und breit in die Erde hinein. Sei mit deinem Bewußtsein ganz in deinen Füßen. Mit jedem Atemzug werden die Wurzeln stärker und versenken sich tiefer in die Erde. Spüre bewußt die Verbindung mit der Erde. Sende der Mutter Erde ein paar liebevolle Gedanken. Gehe nun hinunter zu einem Fluß, der ruhig und still durch eine wunderschöne Landschaft fließt. Setze dich an das Flußufer und schau dir alles genau an. Mache dich ganz vertraut mit dieser wunderschönen Landschaft. Höre den Vögeln zu und werde ganz ruhig und still. Du bist ganz geborgen, im Schutz deines Hohen Selbst. Tiefer Friede ist in dir. Steh nun wieder auf und gehe am Flußufer entlang, bis du zu einer großen Pyramide kommst. Pyramiden sind Orte der Kraft, und du fühlst dich sogleich angezogen von dieser Kraft der großen Pyramide. Schau sie dir genau an, aus welchem Material sie ist. Vielleicht aus Sandstein, oder aus Edelsteinen, oder aus Licht. Gehe in die Pyramide hinein. Sie ist festlich zu deinem Empfang geschmückt. Alles ist in Liebe vorbereitet, für die Begegnung mit deinem Hohen Selbst. Sieh dich erst ein wenig um.

Kommt dir der Ort bekannt vor? Hast du das Gefühl, schon einmal hier gewesen zu sein? Bist du allein dort, oder kannst du noch jemanden erkennen? In der Pyramide findest du ein großes goldenes Tor, das noch verschlossen ist. Sieh dir dieses Tor genau an. Aus welchem Material ist es, ist es schlicht oder ziseliert?

Vor dem Tor stehen zwei Engel, der Engel der Liebe und der Engel der Freude. Sie sind hier, um dir zu helfen, dich mit deinem Hohen Selbst zu vereinen. Spüre, wie die Liebe und die Freude der Engel in dich einfließen. Sie heben dich auf eine höhere Bewußtseinsebene. Nun öffnen sie das goldene Tor für dich. Ein strahlend helles Licht ist dahinter. Tritt nun ein. Das Licht umfängt dich, hüllt dich ein, wie ein liebender Mantel. Hier ist der Ort, an dem deine Seele ihrem Gott begegnen kann. Hier ist absolute Liebe, absoluter Frieden, der nun auch in dir ist. Hier ist unendliche Kraft, die jetzt auch dein Sein durchfließt. Spüre diese Liebe, die dir hier entgegengebracht wird. Fühle, wie sie dein ganzes Sein durchflutet. Sei bereit, dich ganz mit Gott zu vereinen. „Ich und der Vater sind eins." Hier kannst du es verwirklichen. Du kannst jetzt Gott um Führung bitten. Du kannst um Hilfe für deine Schwierigkeiten bitten.

Bitte um Heilung auf allen Ebenen, der körperlichen, der seelischen und der emotionalen Ebene. Danke Gott für seine Liebe, seine Versorgung und seinen Schutz.

Wenn du jetzt zurückgehst, nimm die Liebe und die Freude mit hinein in deinen Alltag, hinein in deine Familie oder deine Arbeit.

Gehe nun langsam den Weg zurück zum Flußufer. Bedanke dich für die Erfahrung, die du hier machen durftest. Genieße noch ein wenig den Frieden, der hier herrscht.

Dann komme langsam in den Raum zurück, in dem du deine Meditation begonnen hast. Atme ein paar Mal tief ein und aus. Mit jedem Atemzug kommst du mehr und mehr in dein normales Tagesbewußtsein zurück. Recke dich und strecke dich . Nimm deine Arme hoch über den Kopf, schüttele sie kräftig aus, und sei wieder ganz im Hier undJetzt. Du fühlst dich ganz wohl, voller Kraft und Energie, und voller Liebe und Freude.

Sei nicht traurig, wenn es dir nicht gleich beim ersten Mal gelingt, du kannst die Meditation jederzeit wiederholen. Meditiere täglich. Nimm dir die Zeit dafür. Lasse dein ganzes Leben zur Meditation werden.

Wenn du regelmäßig meditierst, wirst du bald die Bewußtseinsebenen jenseits der Gedankenwelt erreichen. Du wirst liebevoller und mehr Verständnis für deine Mitmenschen haben. Du löst dich von der materiellen Sicht der Dinge, die auf Angst gegründet ist, und kommst zu einer göttlichen Sichtweise, deren Grundlage die Liebe ist. Du wirst mehr und mehr zur Ruhe kommen in deiner Mitte ruhen. In der Meditation bist du Gott ganz nahe. Du kannst ihm alle deine Schwierigkeiten vortragen und um kosmische Lösungen bitten. Auf diese Weise findest du immer mehr zu dir selbst und wirst eigenständig und autark. Die

Prioritäten in deinem Leben werden sich verändern. Du kannst mehr und mehr akzeptieren, daß du ein freies geistiges Wesen bist. Liebe und Harmonie werden Einzug in dein Leben halten. Finde die Liebe Gottes in dir und Wunder über Wunder werden in deinem Leben geschehen. Durch die regelmäßige Meditation wirst du bald alle deine Entscheidungen aus deinem göttlichen Teil der Liebe heraus treffen. Du wirst viele spirituelle Erfahrungen machen und schließlich wissen, daß du ein Wunder bist.

Für mich ist die Zeit der Meditation etwas Heiliges, weil meine Seele hier die Möglichkeit hat, ihrem Gott zu begegnen. Es sind wirklich feierliche Augenblicke, in denen auch du soviel Liebe und Frieden erfahren kannst. Hier bekommst du die Führung, die du brauchst. Wenn du wichtige Entscheidungen treffen mußt, hier wartet Hilfe. Hast du Schwierigkeiten mit einem Menschen? Hier kannst du sie lösen, weil du die Konflikte, in denen du dich gerade befindest, von einer höheren Warte aus beleuchten und um kosmische Lösungsmöglichkeiten bitten kannst. Hast du den Segen der Meditation erst einmal erkannt, wird sie dir zum liebevollen Bedürfnis werden.

Im Anfang wird dein Ego versuchen, dich mit allen möglichen Tricks von der Meditation abzuhalten: Du glaubst, du hättest keine Zeit, oder es fallen dir alle möglichen Arbeiten ein, die dringend erledigt werden müssen. Für das Egosystem stellt die Meditation eine Bedrohung dar. Das Ego hat Angst, daß du Gott begegnest. Es fürchtet um seine Vormachtstellung, dich zu manipulieren und zu kontrollieren. Und darum wird es alles daransetzen, um sein System zu stärken und dich vom Meditieren abzuhalten. Lasse dich dadurch nicht beirren. Du hast ein Ego, aber du bist nicht das Ego. Du entscheidest, was zu tun ist. Mit der Zeit gewöhnt sich das Ego daran.

Danke Gott einmal ganz bewußt für all die Segnungen in deinem Leben. Es gibt so viel zu danken. Danke für die Liebe und die Kraft in dir, die dich befähigt, alle Probleme zu lösen. Du kannst alle Stolpersteine, alle Hindernisse auf deinem spirituellen Weg mit Hilfe deines Hohen Selbst aus dem Wege räumen.

Beginne gleich jetzt damit. Werde dir darüber klar, was du in deinem Leben nicht mehr haben möchtest.

Besorge dir ein kartoniertes Heft und mach dich an die Arbeit. Schreibe all das auf, was du gerne loslassen möchtest und was nicht mehr zu deinem Leben gehört.

Diese Bewußtseinsarbeit wird dich aus der Opferrolle herausführen. Wenn du nur wie Treibholz im sturmgepeitschten Wasser schwimmst, wirst du nichts verändern können, sondern bald hierhin, bald dorthin getrieben werden.

Werde still und lasse all das hochkommen, was du hinter dir lassen möchtest. Schreibe es auf, sonst geht es wieder verloren. Das Wichtigste dabei ist, ehrlich mit sich zu sein. Wir können nur dann wirklich frei werden, wenn wir das Alte, uns Begrenzende losgelassen haben. Bitte dein Hohes Selbst, dir zu zeigen, was jetzt nicht mehr zu dir gehört, was dich nur behindert. Verurteile dich nicht, sondern sieh alles neutral an. Stell dir vor, du entrümpelst deinen Keller oder Speicher. Auch hier triffst du ja eine bewußte Entscheidung, was du nicht mehr haben willst. Mach es bei deinem mentalen Hausputz genauso. Schau dir alles an. Du bist ein liebevolles spirituelles Wesen. Frage dich, ob dieses oder jenes Muster oder dir unliebsame Eigenschaften wirklich zu dir gehören. Wenn nicht, setze sie auf deine Liste. Du wirst bald feststellen, daß es sich bei allen alten Mustern und Schwierigkeiten um deine Ängste handelt. Sie stammen zum Teil aus dir, oder du hast sie von anderen Menschen oder Institutionen übernommen und zu deinen eigenen gemacht. Alle Ängste und Zweifel an unseren Fähigkeiten rauben uns nur unnötig unsere Kraft. Wir haben es verlernt, an unsere schöpferischen Möglichkeiten zu glauben und verzweifeln oft an der scheinbaren Sinnlosigkeit unseres Lebens. Wir werden depressiv oder resignieren. „Es hat ja doch alles keinen Sinn.“ Solche oder ähnlich lautende Sätze hört man oft. Wenn wir uns unserer Spiritualität wieder bewußt werden und uns an unser kosmisches Sein erinnern, können wir den Sinn unseres Lebens wiederfinden. Gehe den Gedanken und Mustern auf den Grund, mit denen du dich immer wieder sabotierst. In uns Menschen finden oft große Kämpfe statt. Mit Kampf wirst du jedoch nichts verändern können. Alles, was du bekämpfst, verstärkst du nur, denn, du weißt doch: Druck erzeugt Gegendruck! Laß einmal allen Kampf beiseite und lege deine Rüstung ab. Du brauchst nicht mehr zu kämpfen. Es gibt kosmische Lösungen für deine Probleme und die Krise, in der du dich gerade befindest.

Überlege dir genau, welche Gewohnheiten oder Angewohnheiten dich schon lange stören. Vielleicht möchtest du bestimmte Süchte ablegen, wie zuviel Essen, zuviel Alkohohl, Süßigkeiten, Spielsucht. Es kann auch zur Sucht werden, sich ständig Sorgen zu machen oder ständig zu klagen. Vielleicht möchtest du auch deine Abhängigkeitsstrukuren ablegen.

Gönne dir die Zeit der Selbstbesinnung und schreibe deine Ängste und Selbstzweifel auf. Mache dir ebenfalls bewußt, daß du es bist, der diese alten Muster immer wieder mit neuer Energie auflädt. Frage dich auch: “Warum tue ich das? Ich weiß doch, daß es nicht gut für mich ist und mich nicht weiterbringt? Vielleicht hast du einfach Angst vor Veränderungen. Deine jetzige Situation ist dir vertraut, auch wenn sie qualvoll und schmerzhaft ist. Sei dir bewußt, daß du alle deine Schwierigkeiten langsam, aber kontinuierlich zum Guten wandeln kannst, wenn du es wirklich willst. Also: Triff eine Entscheidung! Gleich jetzt! Denke immer daran, du bist verantwortlich für das, was du denkst, und für die Umstände, in denen du lebst. Auch wenn dies ein ganz neues Gedankengut für dich sein mag. Versuche es zu akzeptieren. Es wird dein Leben verändern.

Nun magst du vielleicht einwenden: „ Ja, aber meine Krankheit ist doch erblich. Meine Mutter hatte sie schon und meine Großmutter auch."

Mache dir bewußt, daß du nicht die Krankheit geerbt, sondern unbewußt das Muster deiner Familie übernommen hast. Du hast dich ganz bewußt in diese Familie inkarniert, um vielleicht zu lernen, gerade dieses Muster, das hinter eurer familiären Erkrankung steckt, zu überwinden. Also sieh die Krankheit nicht als unabänderliches Schicksal an, sondern als Chance.

Höre auf, andere für deine Leiden und Schmerzen verantwortlich zu machen. Meditiere und finde die alten Muster, die dich krank machen, heraus, und dann lasse sie mit Gottes Hilfe los. Oftmals ist die Vergebung der Schlüssel zur Heilung. Vergebung ist das Tor zum Frieden. Wenn wir nicht in der Lage sind, unseren vermeintlichen Feinden und Widersachern zu vergeben, bleiben wir in Schmerz und Leid verhaftet. Es gibt keine Feinde für uns, sondern nur wunderbare Lehrmeister, die sich uns in Liebe zur Verfügung stellen und uns die Chance geben, bestimmte Lernprozesse zu machen. Wie könnten wir ihnen da böse sein! Im Gegenteil, wenn wir das erst verstanden haben, sollten wir ihnen sogar von Herzen dankbar sein.

So kannst du dich bei jedem Schmerz und jeder Krankheit fragen: „Wem habe ich hier zu vergeben?" Oft bist du derjenige, der Vergebung braucht. So frage dich einmal: „Wofür fühle ich mich schuldig?" Es ist manchmal schwierig zu erkennen. Aber wenn du geduldig und beharrlich in deinem Innern forschst, wirst du bald dahinterkommen. Hast du das Muster erkannt, dann vergib dir aus vollem Herzen und bitte Gott um eine andere Sichtweise. Bitte darum, mit dem Herzen der Liebe sehen zu können, statt mit der Angst. Gott wird dir helfen zu sehen, daß alles in Ordnung ist und alles zu deinem Besten geschieht.

So wächst deine Lebensfreude von Tag zu Tag. Du wirst der Liebe in dir mehr und mehr Raum geben. Achte auf die Zeichen und werde wesentlich. Laß alles Unwesentliche beiseite und konzentriere deine Kraft auf das Wesentliche. Heiße dein Glück in deinem Leben willkommen - jetzt!

Was aber ist das Wesentliche? Deine Einheit mit Gott und dem ganzen Universum. Durch diese absolute Einheit mit Gott bist du ein Wunder.

Laßt uns zur Höhe steigen,
wo Sonnenleuchten lacht
und unsere Stirne neigen,
vor Gott' erhabner Pracht.

Die Verwirklichung deiner Träume

Lebe im gegenwärtigen Augenblick. Nur in diesem Augenblick kannst du mit Gott in die Einheit kommen. Genieße jeden Augenblick deines Lebens. Das Gestern kannst du nicht mehr leben, es ist unwiederbringlich vorbei, und das Morgen ist noch nicht da. Du bist unsterblicher göttlicher Geist. Verinnerliche dieses Bild immer mehr, und du wirst bald in der Lage sein, dir all das zu erschaffen, was du dir wünschst. Du bist ein Wunder. Um das wirklich leben zu können, mußt du deine mentalen Bilder von dir verändern. Wenn du das mentale Bild des Mangels in dir trägst, wirst du nie zu Wohlstand kommen. Dein mentales Selbstbild wird sich immer in der materiellen Welt verwirklichen. Wenn du dein Leben verändern möchtest, muß du deine geistigen Bilder verändern. Deine Glaubensmuster bestimmen dein Leben. Zweifle nie daran, der Mensch werden zu können, der du gerne sein möchtest. Du kannst alles erreichen. Deinem göttlichen Geist ist nichts unmöglich. Es genügt allerdings nicht, nur davon zu träumen. Du mußt dich schon aufmachen. Du mußt wirklich bereit sein, alles zu tun, um dein Ziel zu erreichen. Vielleicht mußt du deine Bequemlichkeit aufgeben. Viele Menschen haben zwar gute Ideen und Vorstellungen, aber sie verlaufen im Sande, weil sie nicht die nötige Bereitschaft zum Handeln haben. Andere wiederum sind zu ungeduldig und geben auf halbem Weg auf.

Wenn du Großes leisten möchtest, aber deine mentalen Bilder nicht dahingehend veränderst, wirst du auf der Stelle treten und irgendwann resigniert aufgeben. Wenn du dich weiterhin als unfähig, dumm und schwach siehst, blockierst du dein neues Leben mit all seinen göttlichen Möglichkeiten. Du bist ein Wunder! Entwickle ein Bewußtsein für dieses Wunder, dem alles möglich ist.

Du kannst alle deine Träume verwirklichen. Du mußt dich nur wirklich erfolgreich sehen und dir nicht den geringsten Zweifel erlauben. Das würde deinen Erfolg sabotieren. Vor allem verhalte dich so, als hättest du dein Ziel bereits erreicht. Transformiere dein Bewußtsein des Mangels in ein Bewußtsein der Fülle.

Du kannst noch so viele Affirmationen sprechen, in denen du Wohlstand suggerierst: Wenn du ständig sagst: „Ich habe kein Geld“, boykottierst du dich selbst. Vertraue dir und deinem göttlichen Geist, daß er alles erschaffen kann. Höre auf, dich ständig über die Mißstände in deinem Leben zu beklagen. Vertraue dir und wisse, du kannst alles erreichen, was du dir vorstellst.

Vergleiche nicht dein Leben mit dem Leben eines anderen Menschen. Wir alle tragen den gleichen göttlichen Geist in uns. Vor Gott sind alle Menschen gleich, egal, wer sie sind oder was sie tun. Nur wir Menschen machen uns mit unseren ständigen Vergleichen und Beurteilungen das Leben schwer.

Wir alle haben eine ganz bestimmte Aufgabe im Universum, die wir, und nur wir, erfüllen können. Kennst du deine Aufgabe bereits? Lebst du sie? Wenn nicht, meditiere darüber. Du wirst nur dann mit deinem Leben wirklich zufrieden sein, wenn du deine Lebensaufgabe erfüllst, die du dir vorgenommen hast.

Zu mir kommen oft Menschen zur spirituellen Lebensberatung, die von der geistigen Welt erfahren möchten, welches ihre Aufgabe in diesem Leben ist, und ob sie den Sinn ihres Lebens auch wirklich leben.

Wie ist es mit dir, hast du dir schon einmal Gedanken über den Sinn deines Lebens gemacht?

Wenn dein Leben nicht voller Freude, Liebe und Harmonie ist, solltest du dir darüber klar werden, daß du nicht deine göttliche Bestimmung lebst. Der göttliche Teil in dir versetzt dich in die Lage, alle Hindernisse aus dem Weg zu räumen. Erlaube deiner inneren Führung, dir zu helfen. Vielleicht bist du schon durch viele schmerzhafte Erfahrungen in deinem Leben hindurchgegangen. Jede Krise aber war eine Chance zur Transformation. Hast du sie genutzt, oder fühltest du dich als Opfer äußerer Umstände oder anderer Menschen? Oder bist du vielleicht Sklave deiner eigenen Begründungen geworden? Betrachte einmal all das, was sich hinter den Masken deiner Angst befindet. Du willst ja dein Leben verändern und zum Mittelpunkt deines Wesens vordringen. Verzichte einmal bewußt auf dein Rollenspiel und finde dich selbst, dein wahres Wesen.

Jetzt ist die Zeit gekommen, dich für dein wundervolles, neues Leben voll einzusetzen. Gib deine ganze Energie hinein, bleib nicht auf halbem Wege stehen, sonst wirst du auch nur halbherzige Ergebnisse erzielen. Vor allem aber glaube an dich und an deinen Erfolg.

Bitte dein Hohes Selbst in all seiner Weisheit, dir zu helfen, deinen Geist bereit zu machen für die Wunder in deinem Leben. Wenn du die neue Vision deines Lebens fest in deinem Geist aufrechterhältst, wird sie sich verwirklichen. Denke immer daran, du bist ein Wunder! Du bist der Meister deines Lebens!

Manche deiner Wünsche werden schnell zu realisieren sein, andere brauchen länger. Warum glaubst du, ist das so? Bei manchen Zielen bist du dir ganz sicher, daß du sie verwirklichen kannst, weil sie innerhalb der Grenzen deiner Vorstellung liegen, die du für möglich hältst. Bei großen Zielen mußt du zunächst einen stärkeren Glauben an dich und dein göttliches Sein entwickeln. Je mehr du dich in mentalen Bildern übst, desto schneller wird sich die Erfüllung deiner manifestieren. Wichtig ist, daß du deine Energie nicht zersplitterst.

Das beste ist, du sprichst nicht über deine Vision, bis du ganz sicher in dir ruhst und weißt, daß du alles erreichen kannst. Sonst bringen dich die Bedenken deiner Freunde, die es sicher gut meinen, sehr schnell von deiner Idee ab.

Auch mir ist es schon öfter so gegangen, daß ich eine gute Idee hatte, aber die Bedenken meiner Freundinnen mich davon abgehalten haben. Oder ich habe durch meine eigenen Bedenken, die aus dem Ego kamen, die Idee nicht weiter genährt.

Das Wichtigste ist, daß du an deine Idee glaubst und weißt, daß du kraft deines göttlichen Geistes alles erreichen kannst, was du in deinem Geist erschaffst.

Wenn du ein klar definiertes Ziel vor Augen hast, werden dich alle Kräfte im Universum unterstützen, es auch zu erreichen. Du spürst, wie ein dynamisches Feuer in dir brennt, alles in dir drängt dem Ziel entgegen. Wenn du dieses innere Feuer deines Hohen Selbst in dir spürst, bist du der Verwirklichung deines Wunsches ganz nah. Diese kosmische Kraft in dir ist das „ICH BIN“. In diesem „ICH BIN“ liegen deine Wunder.

„ICH BIN DER ICH BIN“ ist Gott der Schöpfer allen Seins, dessen Kraft auch in dir und mir und in allem ist. Das Bewußtsein Gottes ist unbegrenzt, und so ist auch dein Bewußtsein in

Wahrheit unbegrenzt. Nur du als Mensch bist in der Lage, dich zu begrenzen. Aber du bist auch in der Lage, die selbst geschaffenen Begrenzungen wieder aufzuheben.

Gott ist immer und ewig eins mit dem ganzen Universum, und durch seinen Geist in uns sind auch wir jederzeit eins mit ihm und dem ganzen Universum. Wenn wir das wirklich verstehen, sind wir nicht länger einsam und machtlos, sondern wir können aufbrechen ins Land der unbegrenzten Möglichkeiten. Es bedarf nur einer kleinen Kurskorrektur, aber die müssen wir ganz bewußt tun. Es bedarf unserer echten Bereitschaft. Sei voller Hingabe und Vertrauen in deine göttliche Kraft. „*Herr, dein Wille geschehe.*“ Hier wird es verwirklicht. Diese Worte öffnen dir das Tor zum Sein in der Liebe. Du brauchst die Liebe nicht suchen, du bist Liebe. In der Liebe liegt die Kraft.

Auch wenn du die Liebe in dir mit deinen irdischen Augen nicht zu sehen vermagst, so lebt sie doch in deinem Herzen. Gib dich nicht mit kleinen Träumen oder Zielen zufrieden, sondern wirke Wunder. Lebe mit der ganzen Kraft deines Herzens, aus der Freude heraus und mit deiner ganzen Liebe. Werde die Persönlichkeit, die du sein möchtest, auch wenn sie scheinbar noch außerhalb deiner Möglichkeiten liegt. Visualisiere, was du am liebsten leben möchtest. Wenn du mehr Selbstbewußtsein haben möchtest, so visualisiere, wie du mit anderen Menschen selbstbewußt umgehst. Wenn du liebevoller, freudiger, spielerischer leben willst, schaffe dir dieses Bild in deinem Geist.

Viele Menschen haben Angst vor Prüfungen. Bevor du in eine Prüfung hineingehst, visualisiere, wie du ruhig und sicher auftrittst, wie du alles weißt, was erforderlich ist. Male dir aus, wie du die Prüfung mit Leichtigkeit bestehst. Sieh vor deinem geistigen Auge, wie dir der Mensch, der dir am meisten bedeutet, voller Liebe gratuliert. Feiere mit ihm deine bestandene Prüfung.

Spüre auch, welche Gefühle dabei in dir aufsteigen. Schmücke das Bild aus. Erlebe die Situation im Geist, immer wieder, solange, bis sich das Bild in deinem Unterbewußtsein verankert hat. Auf diese Weise wird bei deiner Prüfung genau das eintreten, was du zuvor geistig erlebt hast. Laß keinen Zweifel in deinem Bewußtsein zu. Denke daran, du bist der Meister deines Lebens und kannst alles haben, was du in deinem Geist erschaffen kannst. Je intensiver du dir diese Bilder im Geiste vorstellst, desto eher werden sie sich in der materiellen Welt verwirklichen. Sei aber nicht verkrampft, sondern tuc es spielerisch und voller Freude. Male dir deine Bilder so farbenfroh aus wie nur möglich. In der Welt deiner Träume gibt es keine Begrenzungen. Lege dein Mangelbewußtsein ab und erschaffe dir ein Wohlstandsbewußtsein. Zögere nicht, du kannst es. Halte das Bild so lange in deinem Geist fest, bis du dein Ziel erreicht hast.

Ich habe es vor vielen Jahren bereits erlebt, daß es funktioniert, und erlebe es immer wieder. Während meiner Heilpraktikerausbildung hatte ich schon begonnen, meine Überprüfung vor dem Gesundheitsamt zu visualisieren. Ich stellte mir in allen Einzelheiten vor, wie ich die Prüfung bestehen würde. Ich malte mir aus,wie ich die bestandene Prüfung mit meinem Freund feiern würde. Ich erschuf das Bild in meinem Geist so echt, daß mir die Tränen kamen. Als ich dieses Bild so fest in meinem Geist verankert hatte, bat ich Gott, wenn es sein Wille sei, dies so geschehen zu lassen. Und genauso ist es gekommen.

Als ich im Januar mein zweites Buch *Der Weg der unsterblichen Seele* fertig geschrieben hatte, habe ich diese geistigen Prinzipien angewandt. Ich erschuf mir ein inneres Bild, wie ich es Mitte März in die Buchhandlungen bringen würde. Dann gab ich das Ganze an mein Hohes Sclbst ab mit der Bitte, mir zu helfen, wenn es in seinem Sinne und zum Wohle aller sei.

Dann ging ich zur Bank und wollte einen Kredit aufnehmen, um meinen Verlag für *Kosmisches Bewußtsein* zu gründen und das Buch zu finanzieren. Die Bank aber lehnte mein Kreditgesuch ab mit der Begründung, daß der Kredit für mein erstes Buch noch zu hoch sei. Wenn eine größere Summe zurückgezahlt sei, dann könne man gerne darüber reden. Ich ging also wieder nach Hause und sagte: „Lieber Gott, wenn es dein Wille ist, daß ich dieses Buch im März herausbringe, und wenn du der Meinung bist, daß es eine Hilfe für die Menschen ist, dann hilf mir. Sonst will ich auch geduldig warten, bis ich das Geld dafür zusammen habe." Damit hatte ich das Geldproblem ans Universum abgegeben, hielt aber meine Vision aufrecht. Drei Tage später rief mich eine Dame an, die ich zu der damaligen Zeit kaum kannte. Sie hatte wohl eine Lebensberatung mit Eckhart gemacht und ein Seminar bei mir besucht, aber es war eine relativ kurze Bekanntschaft. Sie fragte mich: „Was macht das Buch? Wann können wir es haben?" Ich antwortete darauf: „Das Buch ist fertig. Ich will es selbst herausbringen. Aber mir fehlt das Geld. Also kann ich dir nicht sagen, wann das Buch herauskommt." Sie meldete sich für ein neues Seminar an und wir verabschiedeten uns. Zwei Tage später rief sie mich erneut an, und sagte. „Ich habe mir überlegt, ich möchte dir das Geld leihen. Dein Buch *Finde die Liebe in dir* hat mir so geholfen. Ich möchte, daß mit dem neuen Buch anderen Menschen geholfen wird."

Ihr könnt euch sicher denken, daß ich sprachlos war und sofort die kosmische Führung erkannte. Ich bin so unendlich dankbar dafür. In der gleichen Woche hat mir auch jemand eine gute Lektorin empfohlen und eine Verlagsauslieferung. Alles lief "wie am Schnürchen". Ein erfahrener Verleger sagte mir:"Es dauert ein halbes Jahr, bis sie ein Buch herausbringen." Ich aber ließ mich in meiner Vision nicht beirren, und mit kosmischer Hilfe ist es genau Mitte März erschienen. Ich war sehr glücklich über die Erfüllung meiner Vision. Während ich dieses Buch schreibe, drei Wochen, nachdem das zweite herausgekommen ist, habe ich auch von diesem Buch eine neue Vision und bin sicher, sie wird sich erfüllen, auch, wenn ich die Mittel und Wege dazu nicht kenne. In mir brennt ein heiliges Feuer, dieses Buch zu schreiben, damit auch du, liebe Leserin und lieber Leser, dein Leben positiv verändern kannst.

Ich hatte mir schon immer gewünscht, auf Mallorca ein Seminar oder spirituelle Lebensberatungen zu geben. Eines Tages setzte ich mich hin und erschuf es als Vision. Ich lud das Bild ganz stark mit kosmischer Energie auf. In diesem Urlaub führte mir das Universum eine Dame in den Weg, die ich schon aus Deutschland kannte, weil sie vor Jahren einmal einige Seminare bei mir besucht hatte. Sie lebt jetzt hier auf Mallorca und kennt viele Menschen. Sie buchte bei mir eine spirituelle Beratung und hat mir viele Menschen zugeführt. Ich erzähle dir das, liebe Leserin und lieber Leser, damit du Mut bekommst, deine Visionen zu schaffen.

Wenn du in all deinen Aktivitäten erfolgreich sein möchtest, meditiere einmal über das Wort *Erfolg*. Was bedeutet *Erfolg* für dich? Nimm dir jeden Abend, bevor du schlafen gehst, ein wenig Zeit. Meditiere über den Satz:

ICH BIN ERFOLG!

Laß diese Worte tief in dein Unterbewußtsein hineinsinken. Mit der Zeit wirst du feststellen, daß du ein Erfolgsbewußtsein entwickelst. Immer wenn du das Wort: „ICH BIN“ gebrauchst, nimmst du Kontakt mit dem Gottesbewußtsein in dir auf. Der göttliche Geist in dir wird das erschaffen, was du wünschst. Du bist verbunden mit deinem Hohen Selbst, das ruhig und voller Weisheit und Liebe deine Wünsche erfüllen wird, die zum Wohle aller sind. Die Gotteskraft sollte immer nur zum Wohle aller Menschen verwendet werden.

Meditiere auch über die Liebe und den Frieden. Vereinige dich jeden Abend und jeden Morgen mit der „ICH BIN“ - Kraft.

Es kommt nicht darauf an, wer du bist oder was du bist. Wichtig allein ist, daß du weißt: Du bist ein Wunder!

Dein göttlicher Geist ist unbegrenzt und ewig. Nur der Intellekt ist begrenzt und begrenzend. Er versucht, dich mit allen möglichen Tricks, bald hierhin, bald dorthin zu treiben. Er versucht, dich von der Verbindung mit dem Göttlichen abzuhalten. Es stellt für ihn eine Bedrohung seines Systems dar. Bedenke aber, daß dein göttlicher Geist der Meister deines Lebens ist und du stets die Wahl hast, wem du die Priorität einräumen willst.

Wichtig ist, daß du ein klar festgelegtes Ziel in deinem Innern hast. Unklare Vostellungen und Wünsche bringen keine Resultate.

Bei allen großen Dingen war zuerst die Idee da, die einem Samenkorn gleicht. Sobald das Samenkorn in die Erde, dein Unterbewußtsein, eingepflanzt ist, beginnt es zu wachsen und seinem Selbst Ausdruck zu verleihen. So, wie das Samenkorn Nahrung braucht, um zu wachsen, braucht auch deine Idee Nahrung in Form der Visualisation, um größer und stärker zu werden. Viele gute Ideen können nicht wachsen und in die Materie gebracht werden, weil die Menschen nicht bereit sind, sie in der rechten Weise zu nähren. Jede gute Idee nimmt Gestalt an im Unbewußten, Nichtsichtbaren, genauso wie die Samenkörner, die unter der Erde keimen und erst dann, wenn sie stark genug sind und nicht mehr zerstört werden können, sichtbar über der Erde weiterwachsen. So habe Vertrauen in deine Idee und sei gewiß, daß dein göttlicher Geist die Nahrung ist, die die Idee braucht, um Gestalt anzunehmen.

Zweifel und Ungeduld haben schon manch eine gute Idee zunichte gemacht. Alles im Universum hat seine Zeit und seine Stunde, alles hat seinen Reifungsprozeß.

Du ziehst auch nicht an einer Pflanze, um sie schneller wachsen zu lassen. So übe dich in Geduld und laß deine Idee reifen. Aber nähre sie mit der Kraft deiner positiven Gedanken und Visionen. Lade sie mit kosmischer Energie auf.

Wenn die Zeit zum Handeln gekommen ist, verliere keine Zeit, sondern beginne sofort damit, deine Ideen in die Tat umzusetzen.

Vergebung - das Tor zur Liebe

Wir bestehen im Grunde genommen aus drei Teilen. Laß mich das einmal mit einem Bild erklären. Stell dir eine leuchtend gelbe Scheibe vor, den „gelben Kern.“ Er repräsentiert die Liebe. Hier ist unsere göttliche Quelle, unser Hohes Selbst, der Christusaspekt in uns oder auch der Heilige Geist. Hier sind absoluter Friede, Liebe Freude, Wahrheit und unser wahres Sein. Um diesen Kern stellt euch einen breiten grauen Ring vor, die grauen Egowolken. Hier drin sitzen all unsere Ängste, Schuldgefühle, unsere Minderwertigkeitsgefühle, unser Größenwahn, unsere Kritiksucht, alle unsere unfriedlichen Zustände. Auch unsere Depressionen, unsere Einsamkeit, aber auch unsere Wut und unser Groll gehören hier hinein.Weitere Gefühle des Egos sind: Eifersucht, Neid, Hoffnungslosigkeit, Schuld, Haß, Groll, Einsamkeit, Gier, Gleichgültigkeit, Ohnmacht. Da uns dieser graue Egoteil unangenehm ist, haben wir um ihn eine Linie der Verdrängung gezogen. Stellt euch um den grauen Ring einen roten Ring vor. Beides, sowohl der graue wie auch der rote Ring, gehört zum Egosystem, und auch der Körper und die Psyche. Mal leben wir mehr in den grauen Egowolken, mal mehr in der Verdrängung. Je weiter wir uns aber spirituell entwikkeln, desto mehr leben wir in unserem Christusaspekt. Hier sind absolute Liebe, absoluter Friede, absolute Weisheit und unendliche Kraft. In diesem Teil sind wir vollkommen. Damit ist nicht die physische Ebene gemeint, es bedeutet nicht, daß ich auf der weltlichen Ebene alles perfekt zu tun vermag. Die Vollkommenheit besteht darin, daß ich im Frieden Gottes bin, denn nur da gibt es Vollkommenheit. Gemeint ist der Christus in uns, die absolute Liebe.

Und immer dann, wenn wir nicht in der Liebe sind, sind wir in der Angst. Angst auf dieser Welt äußert sich in mannigfacher Weise, in Form von: Ärger, Schuldgefühlen, Minderwertigkeitskomplexen, Größenwahn, Kritiksucht, Depression, Verlassenheitsgefühlen, Groll u.s.w.

Wir müssen alle lernen, unsere Ängste zu transformieren. Die Liebe in uns ist immer da, wir müssen lediglich die Schranken beseitigen, die wir zwischen uns und der Liebe in uns gelegt haben.

Gott, ihr Lieben, hat uns alle vollkommen geschaffen, und es ist an der Zeit, daß wir uns dessen erinnern.

Wir sind immer in Gott, wo immer wir auch sind, wer immer wir auch sein mögen. Wir sind Gottes über alles geliebte Kinder.

Wir kommen nicht in den inneren Frieden, wenn wir die Liebe in uns verleugnen und der Angst Raum geben.

Es ist unmöglich, Liebe und Angst gleichzeitig zu erleben. Wir sind es nur schon so lange gewöhnt, in unseren angstbesetzten Mustern zu leben, daß wir die Hilfe Gottes oder die Hilfe Jesu benötigen, um da wieder herauszukommen.

Die Welt des Ego beruht auf Angst und Panik, aber dahinter liegt die Liebe Gottes. Dahinter liegt deine eigentliche Stärke, dein göttliches Sein. Laßt uns um eine andere Sichtweise bitten. Bitte dein Hohes Selbst, dir zu helfen, mit den Augen der Liebe zu sehen, mit den Ohren der Liebe zu hören, und nur Worte der Liebe zu sprechen.

Erkenne das Licht in dir und strahle es ins Außen aus. Du bist ein Wunder, das Wunder Gottes. Lebe es!

Wir alle glauben, wenn auch unbewußt, daß wir uns von Gott getrennt haben. Doch diese Trennung ist eine Illusion, eine Trennung von Gott ist unmöglich, weil Gott die alles aktivierende Energie im Universum ist, ohne die nichts existieren kann, nicht einmal eine Fliege an der Wand. Da wir die Trennung auf der gedanklichen Ebene vollzogen haben, können wir sie auch nur auf dieser Ebene wieder aufheben. Da alles ein Produkt unseres Denkens ist, haben wir nur zwei Möglichkeiten des Denkens: Die eine Möglichkeit ist, uns mit dem Denken der Angst oder des Egos zu identifizieren. Die zweite Möglichkeit ist, uns mit dem Denken der Liebe zu identifizieren, dem Denken des Heiligen Geistes. Es ist der Geist Gottes in uns.

Wir alle neigen dazu, uns sehr schnell mit der Angst zu identifizieren. Viele unserer Ängste sind unbewußt und kommen nur von Zeit zu Zeit in uns hoch. Andere Ängste sind uns bewußt. Alle unsere Ängste stammen aus unserer Vergangenheit.

Wir sind oftmals schnell bereit, andere Menschen zu kritisieren und zu verurteilen. Wir sind geradezu stolz darauf, wenn wir unseren Mitmenschen Fehler nachweisen können. Das Problem dabei ist nur, daß andere Menschen uns mit demselben Maß messen, das wir bei ihnen anlegen. Die Folge davon ist, daß wir uns keinerlei Fehler mehr erlauben dürfen, damit uns die anderen nicht kritisieren. So versuchen wir, perfekt zu werden, was einen permanenten Druck erzeugt. Wir brauchen uns dann nicht zu wundern, wenn sich dieser Perfektionismus körperlich niederschlägt, in hohem Blutdruck zum Beispiel, um nur eine Möglichkeit aufzuzeigen. Außerdem ist es so:Die Dinge, die uns bei anderen Menschen ärgern, sind immer die, die wir in uns nicht ansehen wollen oder noch nicht können.

Himmel und Hölle sind keine geographischen Orte, sondern Bewußtseinszustände. Wir schaffen uns unseren Himmel und unsere Hölle ständig selbst. Aber wir haben die Wahl, was wir erleben wollen. Liebe oder Angst, Himmel oder Hölle. Viele Menschen glauben, wenn sich die anderen verändern, dann können sie selbst in die Liebe kommen. Die Umstände oder Menschen in unserem Leben müssen sich nicht verändern, damit wir in der Liebe sind und glücklich leben können. Der Himmel ist hier und jetzt. Unser Problem ist, daß wir entweder an den Schmerzen der Vergangenheit festhalten oder uns um die Zukunft sorgen.

Liebe und Glück aber können wir nur im jetzigen Augenblick ausdrücken, darum ist auch der gegenwärtige Moment immer der wichtigste t. Hermann Hesse sagt in Siddhartha:

„Nichts war, nichts wird sein; alles hat Wesen und Gegenwart."

Du kannst deine Mitmenschen nicht verändern, sondern lediglich deine Einstellung zu ihnen. Erkenne in jedem Menschen den Christus und wisse, er ist dein Bruder oder deine Schwester.

Wir alle suchen wieder nach der Einheit mit Gott, aus der wir kommen, und der Verbundenheit mit allem, was da ist. Das Ego aber will uns in der Getrenntheit halten, es sieht in der Einheit mit Gott den Verlust seiner Identität. Immer, wenn wir in der Liebe sind, fühlt sich das Ego unwohl und in seiner Existenz bedroht. Das Ego fürchtet um sein Überleben und tut alles, um uns in Schmerz, Leid, Angst und Trennung festzuhalten. Darum kommt es manchmal bei Menschen, die auf der Suche nach Gott sind, zu Angst und Depressionen, weil das Ego einen Kampf ums Überleben beginnt. Es versucht, mit allen ihm zur Verfügung stehenden Mitteln uns von Gott fernzuhalten. Und dem Ego steht eine unglaubliche Viclfalt von sehr subtilen Mitteln zur Verfügung. Mit der Zeit durchschauen wir das Egospiel und kommen immer schneller von der Angst in die Liebe hinein.

Es ist unsere Aufgabe hier auf der Erde, das Ego zu überwinden und zu unserem wahren Sein, zu unserer göttlichen Quelle vorzudringen und aus ihr heraus zu handeln. Jesus gab uns ein Beispiel durch sein Leben auf der Erde, daß auch wir die absolute Liebe leben können. Er wurde nicht von Gott auf die Erde gesandt, um uns zu erlösen. Er wählte freiwillig diesen Weg, um uns durch sein Beispiel der Liebe zu zeigen, daß es möglich ist, daß auch wir die absolute Liebe leben können. Niemand, der außerhalb von uns ist, kann uns erlösen. Unendlich viele Menschen warten auf jemanden im Außen, der kommen wird, um sie zu erlösen. Unsere Erlösung kommt von innen. Nur im Christus in uns finden Erlösung und Heilung statt. Hier wird die Trennung aufgehoben, hier ist absolute Einheit. Jesus war der Mensch, der sich seiner Gottheit absolut bewußt war. Er lebte den Christusaspekt in sich. Er lebte die Liebe und bekam darum den geistigen Titel verliehen: Jesus der Christus.

Es ist nicht hilfreich, gegen das eigene Ego anzukämpfen, denn dadurch stärkt man es nur. Mach dir dein Ego zum Freund. Das Ego existiert nur auf der Erde, nur in der Dualität, und hier kann es überwunden werden. Wir sind nicht das Opfer unseres Egos. Unser Christusaspekt, also die reine Liebe, ist in der Lage, das Ego, die Angst, zu überwinden.

Je freundlicher und liebevoller wir mit unserem Ego umgehen, desto weniger Kampf wird unser Leben sein. Erinnern wir uns, daß das Ego zwar auf der Erde zu uns gehört, wir aber nicht das Ego sind. Das Ego gehört zur Dualität auf dieser Welt. Wir selbst haben es geschaffen und sollten jetzt anfangen, es zu lieben, anstatt es zu bekämpfen. Nur so können wir es transformieren. Das Ego ist nur eine Illusion, unser wahres Sein liegt dahinter. Wenn wir also erkennen, daß wir im Grunde nur gegen eine Illusion kämpfen, können wir darüber lachen, und der Streß ist weg.

Wir alle kamen in diese Welt, um zu lernen, die Liebe zu leben. Liebe äußert sich auf dieser Welt nur in Vergebung. Niemand, der euch verletzt, will euch etwas Böses antun. Er bietet euch nur einen Lernprozeß. Er braucht in Wirklichkeit euer Mitgefühl und eure Liebe, denn er verletzt sich im Grunde selbst.

Das ist am Anfang sicher schwer zu verstehen und ist auch in meinen Seminaren der Punkt, der die meisten Fragen aufwirft. Ich werde immer wieder gefragt: „Wie merke ich denn, ob ich jemandem wirklich vergeben habe?“ Oft glauben wir, daß wir einem Menschen vergeben haben und merken dann doch, daß der alte Groll immer wieder hochkommt. Nun, wenn du deinem Bruder wirklich vergeben hast, ist da kein Zorn und Groll mehr, und du kannst über das Ereignis ohne Emotionen berichten. Es ist so immens wichtig für unseren spirituellen Weg, daß wir lernen zu vergeben, sonst bleiben wir in all unseren Schmerzen und in Stauungen stecken.

Wir können bei unseren Mitmenschen nur zwei Gefühle wahrnehmen: Liebe, oder einen Schrei nach Liebe.

Wenn also jemand wütend ist, bringt er in Wirklichkeit einen Schrei nach Liebe und Heilung zum Ausdruck. Und diese Hilfe könnt ihr ihm mental immer geben , indem ihr ihn in Licht und Liebe einhüllt. So kann er wieder zu dem Licht in sich finden, und ihr habt damit zu seiner und eurer Heilung beigetragen, denn Heilung bedeutet, die Trennung aufzuheben, die Trennung von der inneren Liebe, die Trennung von Gott. Seht ihr: Auf diese Weise wirkt die geistige Heilung.

Laß die Heilung durch dich geschehen. Bewußtsein ist kollektiv, und immer wenn ihr euer Bewußtsein anhebt, indem ihr Liebe und Heilung aussendet, hebt ihr automatisch auch das Weltbewußtsein an. Nur leider schwankt das Weltbewußtsein zu sehr. Je mehr Beständigkeit die Menschen in ihrer Lichtarbeit aufbringen, desto lichter wird das Weltbewußtsein. Je mehr Menschen aggressiv und zornig sind, desto dunkler wird das Weltbewußtsein. Wir alle haben ständig die Wahl, Licht und Liebe oder Angst auszusenden.

So laßt uns damit beginnen, statt Angst und Schrecken zu verbreiten, Liebe und Heilung in die Welt zu bringen. Dazu sind wir hier auf der Erde, als Gottes geliebte Kinder, als seine Lichtboten und Lichtträger.

Liebe tanzt

Liebe plagt sich nicht durchs Leben.
Liebe tanzt, indem sie siegt,
und ist heiter stets am Geben.

Liebe ist kein trockner Segen.
Liebe zwinkert still vergnügt
uns und allem Sein entgegen.

Liebe lacht, wenn sie befreit,
wenn sie heilt, wenn sie verzeiht.
Sind wir offen und bereit-
dann verleiht sie Seligkeit.

J.Sig. Paulson

Erinnere dich an deine wahre Herkunft, nämlich an dein Einssein mit Gott. Schon damals sagte Jesus: *„Ich und der Vater sind eins, und ihr und der Vater seid eins.“* Nur wir vergessen es immer wieder. Um wievieles einfacher könnte unser Leben verlaufen, wenn wir auch aus diesem Einssein heraus leben würden.

Es ist so unendlich wichtig für uns zu erkennen, daß wir der Schöpfer unseres Lebens sind. Das bedeutet aber auch, daß wir die Verantwortung für unser Leben übernehmen. Alles im Universum ist Ursache und Wirkung. Das heißt, wir schaffen eine Ursache, und die Wirkung tritt irgendwann in Kraft.

Das bedeutet aber auch, daß wir es in der Hand haben, wie unser Leben künftig aussehen wird.

Wenn du dein Leben verändern möchtest, praktiziere die Vergebung. Ohne die Bereitschaft zur Vergebung kommen wir auf unserem spirituellen Weg nicht weiter.

Ich möchte dir nun eine Vergebungsübung an die Hand geben, mit der ich und viele Menschen aus meinen Gruppen sehr gute Ergebnisse erzielt haben.

Jesus wurde einst von Petrus gefragt, wie oft man seinem Bruder vergeben solle, ob sieben Mal? Jesus aber sagte:“Sieben mal siebzig Mal.“

So ist es gut, das wörtlich zu nehmen, denn sieben mal siebzig ergibt 490, und vierhundertneunzig bedeutet Erfüllung.

Diese Übung sollte unbedingt schriftlich gemacht werden, weil nur dann der volle Erfolg eintritt.

Bitte schreibe eine Woche lang, morgens und abends, je 35 x auf:

Ich (dein Name)............ vergebe mir voll und ganz.

Es ist sehr wichtig, daß wir uns zunächst selbst vergeben, und zwar das, was wir in die Taten anderer Menschen hineininterpretiert haben.

Als nächstes nimmst du den Menschen, mit dem du die größten Schwierigkeiten hast, oder gegen den du schon lange Groll hegst.

Ihr werdet die Erfahrung machen, daß diese Übung sehr befreiend wirkt.

Viele Menschen haben mir berichtet, wie sie durch diese Übung von den Schmerzen der Vergangenheit befreit wurden.

Vergebung ist der Schlüssel zur Freiheit. Vergebung ist das Tor zur Liebe. Nur durch die Vergebung werden wir inneren Frieden finden. Durch die Vergebung findest du dein wahres Glück, weil du durch sie zum Christus in dir vordringst. Hier im Christus in dir findest du deine Erfüllung und die wahre Freude, hier sind dein Schutz und deine Versorgung. So öffne deine Augen und sieh auch in deinem Bruder den Christus. Wir müssen vergeben - tun wir dies nicht, bleiben wir in Angst und Schmerzen stecken.

Ärger, und der Umgang mit ihm.

Schauen wir uns zunächst einmal an, woher Ärger kommt. Woraus entsteht Ärger? Ärger ist immer eine Begleiterscheinung der Projektion. Alle Dinge, die wir in uns nicht anschauen können, weil sie zu schmerzhaft für uns wären, projizieren wir auf andere Menschen. Andere Menschen sind eine Projektionsfläche für uns und wir für sie. Wir könnten auch sagen, daß andere Menschen uns einen Spiegel vorhalten. Das ist nicht negativ, sondern sehr hilfreich, wenn wir das richtige Fazit daraus ziehen.

Ich projiziere meinen Ärger auf einen Mitmenschen. Dann kann ich mir den Ärger anschauen und erkennen, das ist mein Ärger, der schon lange in mir war und den ein anderer Mensch nur deshalb aus mir herausholen konnte. Fühlen wir uns deshalb nicht schuldig sondern sehen wir es als Chance an, etwas aufzuarbeiten. Das bedeutet, daß jeder Mensch, der dich scheinbar ärgert, dir einen Lernprozeß bietet und somit zu deiner ganz besonderen Gnade werden kann, wenn du es zuläßt.

Du regst dich nie über das auf, was im Außen geschieht, sondern über etwas, das in dir ist.

Nehmen wir ein Beispiel. Stell dir vor, neben dir wohnt ein Alkoholiker, und du regst dich jedes Mal ganz entsetzlich auf, wenn du ihn siehst. Du regst dich nicht auf, weil dieser Mensch

Alkohol trinkt. Das tun Millionen anderer Menschen auch. Und nehmen wir an, du trinkst keinen Alkohol. Worüber also regst du dich auf?

Du identifizierst dich mit einer Eigenschaft dieses Menschen, vielleicht Verantwortungslosigkeit oder Schwäche, oder womit auch immer.

So ist es hilfreich für unsere Entwicklung, wenn wir uns, nachdem wir uns geärgert haben, fragen: Was ist da in mir, das ich verdrängt und nicht angeschaut habe? Manchmal kann es eine Weile dauern, bis wir an die Muster kommen, die wir oft schon seit unserer Kindheit mit uns herumtragen.

Menschen begegnen uns nicht zufällig. Im Universum gibt es keine Zufälle. Alles ist in vollkommener göttlicher Ordnung. Wir treffen mit bestimmten Menschen zusammen, damit wir die Gelegenheit bekommen, etwas aufzuarbeiten. Jede Begegnung mit anderen ist eine Entwicklungschance. Wir haben die Wahl, ob wir sie nutzen wollen oder nicht. So kann jede Begegnung zu einer Möglichkeit werden, auf deinem spirituellen Weg weiterzukommen. Also sei offen für die Menschen, die dir begegnen, denn jeder von ihnen kann zu deinem ganz besonderen Lehrer werden, wenn du es zuläßt. So sind wir alle füreinander Lehrer und Schüler.

Übernehmen wir die Verantwortung für unsere Gefühle. Wir dürfen uns ärgern, aber wir sollten erkennen, daß es nicht der andere ist, der uns ärgert, sondern daß es unser eigener Ärger ist, den ein anderer Mensch aus uns herausholt. Wichtig ist, daß wir uns für unseren Ärger nicht verurteilen. Kosmisch gesehen ist es ohnehin egal, ob wir uns innerlich oder äußerlich ärgern. Ärger ist eine Schwingung, die ins Universum hinausgeht. Wer sich ständig nur innerlich ärgert, wird krank und wird sich, wenn er nicht daran arbeitet, schließlich selbst zerstören. Wenn wir unseren Ärger ausagiert haben, fühlen wir uns in der Regel unbewußt schuldig. Ich kenne viele Menschen, die auf dem spirituellen Weg sind und sich schuldig fühlen, wenn sie ihrem Ärger Luft gemacht haben. Ärger aber, den wir hinunteschlucken, wird zur unterdrückten Wut, die einen immensen Schaden in unserem gesamten Körper anrichtet. Energie des Ärgers ist immer eine Energie der Angst, die nur mit Liebe transformiert werden kann.

Also vergeben wir uns unseren Ärger und fühlen uns nicht noch obendrein schuldig.

Denn immer, wenn wir uns schuldig fühlen, haben wir unbewußt Angst vor Bestrafung. Gott aber in seiner Vollkommenheit sieht auch uns vollkommen. Wer also sollte uns dann bestrafen? Richtig, einzig wir selbst.

Unsere Selbstbestrafungen können verschiedene Formen annehmen: Wir können etwas kaputtmachen, was uns lieb und teuer ist, oder wir schneiden uns in den Finger, oder wir rennen mit dem Kopf gegen die Wand. Wenn das noch nicht reicht, haben wir vielleicht einen Autounfall, und wenn das immer noch nicht genug Bestrafung ist, werden wir möglicherweise krank. Das kann bis zur Autoimmunerkrankung gehen, je nach der Stärke der unbewußten Schuldgefühle.

Krankheit ist also immer ein Selbstbestrafungsmechanismus des Egos und Ausdruck der Trennung von Gott, denn in der absoluten Einheit mit Gott gibt es keine Krankheit. Gott schickt keinem Menschen eine Krankheit, auch wenn dies viele Menschen glauben.

So ist es wichtig zu erkennen, daß nicht Gott uns die Krankheit schickt, weil sich Krankheit, körperlich wie seelisch, immer auf der Egoebene abspielt, und diese Ebene ist vergänglich. Das einzig Reale und Wahre ist unser göttlicher Teil, weil der ewig und immer gleich ist.

Gott möchte uns in absoluter Gesundheit sehen. Gott möchte fröhliche Kinder, die in Liebe und Fülle leben. Gott ist Fülle, und da wir eins sind mit ihm und seine geliebten Kinder ist die Fülle unser natürliches Erbe. Wir brauchen sie uns nicht zu verdienen, sie ist unser Geburtsrecht. Nur trennen wir uns von dieser Fülle ab, weil wir glauben, es sei nicht spirituell, in der Fülle zu leben. Welch ein Irrtum!

Wir glauben, daß das Leben Mühe und Arbeit sein muß, um Gott gefällig zu sein. Und somit trennen wir uns ab von der Freude, die unsere stärkste Energiequelle ist. Liebe ohne Freude ist undenkbar. Beides gehört zusammen. So müssen wir oft erst wieder lernen, Freude zu haben und mühsam danach suchen, was uns wirklich Freude macht.

Ein neues Leben

Zu mir kommen oft Menschen in die Praxis oder zur spirituellen Lebensberatung, die etwas in ihrem Leben ändern wollen. Wenn ich dann frage, was sie verändern möchten, sagen sie: „Alles." Nun, alles kann und sollte man nicht verändern. Es zeigt mir nur, daß die Menschen gar nicht wissen, was sie wirklich möchten. Ich gebe ihnen dann manchmal zwei Blatt Papier und bitte sie, auf das eine Blatt aufzuschreiben, was sie nicht mehr in ihrem Leben haben, und auf das andere, was sie gerne verändern möchten.

Das Blatt, auf dem geschrieben steht, was sie nicht mehr in ihrem Leben haben oder was sie nicht mehr tun möchten, ist bald vollgeschrieben. Doch das zweite Blatt, auf dem die neuen Wege oder das, was sie möchten, steht, ist leer. Solange wir aber nicht wissen, was wir wirklich wollen, werden wir immer Opfer äußerer Umstände sein und nicht Schöpfer unseres Lebens. Wir werden solange sinnlos gegen die unliebsamen Umstände in unserem Leben anrennen, bis wir uns entscheiden, der Schöpfer unseres Lebens zu werden! Das aber macht vielen Menschen Angst, weil sie es anders gelernt haben. Aber wenn wir wirklich weiterkommen wollen, wenn wir uns mit unserem Bewußtsein, dem Göttlichen in uns, und allen Seelen, seien sie nun auf dieser Erde oder in den unsichtbaren Reichen, verbinden wollen, müssen wir aus der Opferrolle heraustreten, sonst machen wir immer wieder leidvolle Erfahrungen, solange, bis wir erkennen, daß wir nicht das Opfer äußerer Umstände sind, auch wenn wir uns seit Jahrtausenden dazu gemacht haben.

Manche Krankheit entsteht auf dem Boden eines lange gehegten Grolls. So ist es immens wichtig für uns und unsere spirituelle Entwicklung, daß wir lernen, zu vergeben. Nicht vom Kopf her, sondern mit dem Herzen. Wir müssen den Groll durch Liebe ersetzen. Das bedeutet aber auch, die Schmerzen der Vergangenheit loszulassen. Wir werden niemals frei und glücklich leben können, solange wir noch den Groll und den Ärger der Vergangenheit mit uns herumschleppen.

Wie sieht es in deinem Leben aus? Hast du allen alten Groll losgelassen? Wenn dies nicht der Fall sein sollte, beginne gleich jetzt damit, dir und allen, die an den Schmerzen deiner Vergangenheit beteiligt waren, zu vergeben. Ohne die Bereitschaft zur Vergebung kommen wir auf unserem spirituellen Weg nicht weiter. Vergebung bedeutet Heilung. Sei bereit, dich von den Dramen deiner Vergangenheit zu trennen, damit du frei bist für den Evolutionsweg deiner Seele. So kommst du in Frieden und in Harmonie. Jesus hat es uns vorgelebt, es ist möglich, zu verzeihen. Er sagt am Kreuz zu Gott: *„Vater, vergib ihnen, sie wissen nicht, was sie tun.“* Auch wir müssen in die Bereitschaft der Vergebung hineinkommen, damit wir frei werden. Laß alles los, was dir auf deinem spirituellen Weg nicht mehr dienlich ist.

Viele Menschen glauben, daß es unmöglich ist, in der heutigen Zeit im Frieden zu leben. Sie meinen die Umwelt würde das nicht zulassen. Sie suchen nach den Schuldigen für ihre Misere in der Regierung, in der Weltwirtschaftslage, in der Umweltverschmutzung. Aber: „*Wie innen, so außen.*" Dein Frieden kann nur aus dir selbst kommen. Die Umwelt muß sich nicht verändern, damit du innerlich im Frieden sein kannst. Die Außenwelt ist nur ein Spiegelbild des Innern. Wenn du im Außen nur chaotische Zustände siehst, so blicke in dein Inneres und beseitige das Chaos in dir. Wenn du im Außen nur Konfliktsituationen erblickst, schau nach innen, wie sieht es da aus? Hast du deine inneren Konflikte bereits gelöst? Gibt es Menschen, die dir nicht vergeben wollen, schau nach innen und frage dich, wie es mit deiner Vergebungsbereitschaft aussieht. Ohne Vergebung ist kein Frieden möglich. Durch das Festhalten an altem Groll blockierst du deine eigene Entwicklung, du kommst nicht in den Fluß deiner Energien.

Wenn du dich selbst nicht in der Lage siehst, einem Menschen zu vergeben, so bitte den Christus in dir um Hilfe, und du wirst die Hilfe bekommen. Durch dein Gebet bekundest du deine Bereitschaft. Vertrauen wir dem Christus in uns. Er ist immer da und wartet darauf, daß wir uns an ihn wenden. Er kennt keine Schuld und keine Schuldigen. Er möchte uns hinausführen aus dem Glauben an Schuld und Strafe, hinein in die Freude und in die Liebe.

Wir haben unbewußt alle das Gefühl, daß wir schuldig sind, weil wir uns von Gott getrennt haben. Nur, diese Trennung von Gott ist Illusion. Als wir uns von Gott trennten, hat Gott die Trennung im gleichen Moment wieder aufgehoben. Da die Trennung von Gott nur eine Illusion ist, ist also auch unser Schuldgefühl illusorisch. Und trotzdem suchen wir alle verzweifelt nach unserer Unschuld, weil wir vergessen haben, daß wir unschuldig sind. Und nun sagt das Ego uns, wohlgemerkt, wir sprechen hier nur vom Ego: „Ich kann dir eine Möglichkeit an die Hand geben, wie du frei von Schuld sein kannst. Du mußt nämlich, um unschuldig sein zu können, einen Schuldigen suchen.“ Und nun glauben wir, daß wir nur auf Kosten eines anderen wieder unschuldig werden können. Das heißt, wir projizieren unsere

Schuld auf andere Menschen. Wir machen den anderen zum Sündenbock.

Der Name Sündenbock kommt im übrigen aus dem alten Testament. Einmal im Jahr nahm der hohe Priester einen Schafbock und projizierte auf diesen die Sünden des Volkes Israel. Das arme Schaf wurde dann in die Wüste verbannt, und das Volk Israel war alle Sünden los. Nun, wir glauben heute noch, daß jemand anderes die Schuld haben muß, da es sonst für uns keine Unschuld geben kann. Deshalb sind wir auch alle so begeisterte Opfer, ja wir lieben es, uns für andere aufzuopfern, weil es uns das großartige Gefühl gibt, unschuldig zu sein. Manche Menschen kommen ihr ganzes Leben nicht aus dieser Opferrolle heraus. Dabei haben sie oft eine gewaltige Wut im Bauch, die sie krank macht. Aber sie sind geradezu süchtig danach, das Opfer eines oder auch mehrerer anderer Menschen zu sein. Interessanterweise fühlt sich auch fast jeder Täter als Opfer und sagt: „Ich konnte gar nicht anders, weil meine Eltern mich geschlagen haben, mich weggegeben haben u.s.w."

So können viele von uns große Opfergeschichten erzählen, und manche Menschen berauschen sich geradezu daran. Nur, ihr Lieben, das bringt uns nicht weiter. Wir sind immer nur unsere eigenen Opfer. Wenn du ein Opfer sein willst, wirst du es sein. Willst du der Schöpfer deines Lebens sein, bist du es.

Wir müssen lernen, die Verantwortung für unsere Gefühle und somit auch für unsere Entwicklung, ja für unser ganzes Leben zu übernehmen. Wir kommen nicht weiter auf unserem Entwicklungsweg, wenn wir die Verantwortung für unser Leben auf andere Menschen abschieben. Tun wir dies, geben wir ihnen gleichzeitig die Macht über unser Leben und machen uns zu ihren Opfern. So werden wir unfrei und abhängig. Wenn wir die Macht an andere Menschen abgeben haben, fühlen wir uns ohnmächtig,

„ohne Macht." Auf diese Weise beginnen die Machtspiele, weil wir unsere Macht zurückhaben wollen.

So beginne gleich jetzt damit, die Verantwortung für dein Leben zu übernehmen. Es mag vielleicht so aussehen, als wäre das sehr schwer. Es ist nicht schwer, es ist nur ungewohnt, wenn wir es aber einmal gelernt und verstanden haben und es vor allem auch umsetzen, daß wir der Meister unseres Lebens sind, dann ist es sehr beglückend.

Verurteile dich nicht für deine vermeintlichen Fehler. Lerne aus ihnen. Du hast nicht versagt, du wächst an deinen Fehlern. Sie haben dich zu dem Menschen gemacht, der du heute bist. Du bist hier auf der Erde, um zu lernen, und dazu sind Fehler notwendig. Jeder Fehler, aus dem du etwas gelernt hast, hat dich deinem Ziel, zurück zu Gott zu kommen, ein Stück näher gebracht. So betrachtet hast du also nie einen Fehler gemacht, sondern eine Lernerfahrung, die du selbst gewählt hast. Alles dient deiner Bewußtwerdung, deiner Weiterentwicklung.

Ich habe einmal gesagt, daß ich in jeder Krise Gott näher gekommen bin. So habe ich jede Krise in meinem Leben als ganz besondere Gnade empfunden.

Alles im Universum ist Ursache und Wirkung. Das heißt, wir schaffen eine Ursache, und die Wirkung folgt. Wenn wir unser Leben verändern möchten, müssen wir also zunächst die Ursache verändern, müssen uns zuvor aber klar darüber werden, was wir erleben wollen. Dazu bekamen wir von Gott den freien Willen. Also: Nutzen wir die Chance, um unser Leben zu verändern. Verändern wir die Ursache, damit die Wirkung eine andere sein kann. Werden wir uns darüber klar, daß jeder Gedanke der Ursprung einer Handlung ist und somit zur Ursache wird. Die gedankliche Ebene ist die, auf der alles entsteht.

Darum können wir auch nur auf dieser Ebene Veränderungen hervorbringen. Und darum ist es wichtig, auf die Gedanken zu achten. Werden wir achtsam, was wir den Tag über denken. Wenn alle Gedanken des Tages auf eine große Tafel geschrieben würden, wir währen sehr erschrocken über das, was dort stünde.

Jesus sagte einmal in einer Botschaft: *„Wenn ihr wüßtet, was ihr euch und anderen antut durch euer negatives Denken, ihr würdet augenblicklich damit aufhören."*

Wenn du also dein Leben verändern möchtest, achte auf deine Gedanken. Bedenke, daß deine Gedanken deine Realität erschaffen. Gedanken erschaffen ein Paradies oder zerstören das Universum. Es ist nicht so einfach, seine Gedanken zur Ruhe zu bringen. Sie rasen bald hierhin, bald dorthin, lassen sich nicht fangen, sich nicht halten.

Es ist zu Beginn leichter, auf seine Worte zu achten. Achte einmal einen Tag lang bewußt auf das, was du sprichst. Sind deine Worte angstbesetzt oder liebevoll? Sind sie voller Zuversicht oder eher skeptisch? Sind sie konstruktiv oder destruktiv?

Dann beobachte einen Tag lang deine Gedanken. Ein schwieriges Unterfangen. Im Anfang gewiß. Später wird es leichter. Sage immer, wenn du dich bei einem negativen Gedanken ertappst, laut: „STOPP." Du wirst erstaunt sein, wie oft du zu Beginn „stopp" sagst. Je bewußter du mit deinen Gedanken umgehst, desto bewußter wirst du. Vergiß nie, daß Gedanken als Energie in den Kosmos gehen und dort etwas bewirken. So ist wahrer Fortschritt auf unserem Entwicklungsweg nur über unsere Gedanken zu erzielen.

Laßt uns einen Augenblick innehalten und uns vergegenwärtigen, wie groß die Liebe Gottes für uns ist, daß wir alles erschaffen dürfen, was wir möchten, ohne je dafür verurteilt zu werden. Freier Wille bedeutet, daß wir alles denken und erschaffen können, was wir möchten.

Schließe einmal für einen Moment deine Augen und denke über die Liebe nach, die in dir ist. Fühle, wie diese Liebe dein ganzes Sein durchströmt. Gott ist. Hier und jetzt und ewig. Fühle, wie du durch diese Liebe in dir grenzenlos wirst, so daß du gar nicht anders kannst als diese Liebe auf andere auszudehnen, denn jede Seele ist dein Bruder oder deine Schwester, mit dem gleichen göttlichen Aspekt, ob er oder sie sich dessen bewußt ist oder nicht. Verinnerliche dieses: „Ich und der Vater sind eins." Du bist eins mit all deinen Brüdern und Schwestern, genauso wie mit Gott.

Haben wir doch den Mut und das Vertrauen, uns auf diese unsere Göttlichkeit einzuschwingen und unser Leben neu zu gestalten, zu einem von Liebe erfüllten, freudigen Leben, statt uns im Kampf mühsam durchs Leben zu ringen.

Bist du mit deinem Leben zufrieden? Ist dein Herz voller Dankbarkeit und Freude? Strahlst du geradezu vor Energie? Wenn das nicht der Fall sein sollte, ändere es. Überlege einmal, wofür du Gott danken möchtest? Wenn du ehrlich bist, gibt es unendlich viel zu danken.

Zunächst aber müssen wir erkennen, daß wir auf der gedanklichen Ebene eine Ursache schaffen. Um wirklich glücklich und voller Freude leben zu können, müssen wir unsere Gedanken verändern. Wir müssen unser Glück nicht „im Schweiße unseres Angesichts" verdienen. Es ist unser göttliches Erbe. Und nur wir bestimmen, ob wir davon Gebrauch machen wollen oder nicht. So breite deine Arme aus und nimm die Liebe und die Fülle Gottes an.

Wenn wir diesen, unseren göttlichen Wert einmal erkannt haben, werden wir unabhängig von Menschen und äußeren Umständen. Unser Wert bleibt immer gleich, was auch immer im Außen geschehen mag. Wenn wir das erkennen,wird auch unsere Unsicherheit verschwinden. Wenn wir uns selbst nicht anerkennen, glauben wir, daß wir uns ständig um die Anerkennung anderer Menschen bemühen müssen. Entweder erkennen uns unsere Mitmenschen an oder auch nicht. Es hängt nur mit unserem Selbstwertgefühl zusammen. In dem Maße, wie wir uns wertschätzen, werden uns auch unsere Mitmenschen zu schätzen wissen. Wenn wir Wertlosigkeit nach außen projizieren, kommt möglicherweise jemand, der uns schlägt, entweder real oder auf sehr subtile Weise.

Wir sind es gewohnt, daß wir unser Glück oder Unglück in die Hände anderer Menschen oder Umstände legen. Wenn unser Leben dann nicht so verläuft, wie wir es gerne hätten, sagen wir: „Du bist schuld."

Und doch, welche Befreiung ist es zu wissen, daß wir unser Leben selbst gestalten können. Wenn wir allerdings in Angst und Schrecken feststecken, ist es dringend notwendig, Gott um Hilfe zu bitten und nicht zu versuchen, uns gewaltsam daraus zu befreien. Gott kennt immer Mittel und Wege, uns zu helfen. Auf ihn ist immer und zu allen Zeiten Verlaß. In schwierigen Situationen sollten wir uns nach innen wenden und um Führung bitten. Laßt uns Gott bitten, alles mit uns zu teilen. Wir können jederzeit mit Gott sprechen und mit ein wenig Übung auch seine Stimme hören. Es ist allerdings keine laute Stimme, sondern es ist das gedankenfließende Wort oder die lautlose Stimme.

Im Anfang erfordert es ein wenig Mut und Selbstvertrauen, aber dann erleben wir es als unwahrscheinliches Glück und alle an unserem Leben beteiligten Menschen mit uns. Damit kommen wir heraus aus der Abhängigkeit von anderen.

Wir sind es gewohnt, uns als Opfer anderer Menschen und als Opfer unserer Lebensumstände zu fühlen. Werden wir aufmerksam für die Teile in uns, die sich gerne zum Opfer machen, aber verurteilen wir sie nicht, sondern treffen wir eine andere Wahl. Die Opferrolle ist lediglich ein Wahl, und wir können jederzeit um Hilfe bitten, eine andere Wahl treffen zu dürfen. Sieh dich nicht mehr als Opfer der Welt, sondern als Meister deines Lebens.

Übernimm die Verantwortung für dein Leben in vollem Vertrauen darauf, daß es die andere Instanz gibt, dein Hohes Selbst, das dich liebt, leitet und versorgt. Wenn du aus deiner Opferrolle heraustrittst, kannst du auch andere Menschen als unschuldig wahrnehmen und bist in deinem Christusbewußtsein. Viele Menschen sind so in ihrem „Helfersyndrom“ gefangen, daß sie sich ständig überfordern. Sie drängen anderen Menschen ihre Hilfe geradezu auf und sind enttäuscht, daß die anderen diese oft gar nicht haben wollen. Sie fühlen sich dadurch eingeengt. Das „Helfersyndrom“ ist ein Schrei nach Hilfe. Es ist allerdings nicht einfach, aus dieser Rolle herauszukommen. Die Menschen machen ja ihren Wert daran fest, daß sie sich für andere Menschen aufopfern. Wenn du ihnen die Helferrolle nimmst, beraubst du sie ihres Wertes, und das ist für viele Menschen sehr bedrohlich. Sie müssen lernen, zu erkennen, daß ihr Wert immer gleich ist und nicht davon abhängt, wieviel sie für andere Menschen tun. Sie müssen lernen, auf ihre eigenen Bedürfnisse zu hören und sich zu trauen, diese zu leben. Sie müssen lernen, „nein“ zu sagen. Sie müssen ihren eigenen Raum kennen, lieben und bewahren lernen. Das geht oftmals nicht ohne professionelle Hilfe.

Wie ist es mit dir? Gehörst du auch zu den Menschen, die sich für andere Menschen geradezu aufopfern? Bist du nur darauf bedacht, die Gefühle anderer Menschen zu befriedigen? Fühlst du dich als das Opfer anderer Menschen? Werde dir darüber klar, damit du etwas daran ändern kannst. Denke immer daran, du bist nicht das Opfer der Welt, sondern der Schöpfer deines Lebens. Wir sind keine hilflosen kleinen Kinder, die einer bösen und destruktiven Welt ausgeliefert sind. Wir sind strahlende göttliche Wesen, die fähig sind, ihr Leben selbstverantwortlich zu gestalten. Aber es ist ein weltweit beliebtes Spiel des Egos, die Verantwortung auf andere Menschen oder Situationen abzuschieben. Du aber hast die Wahl, mittels deines freien Willens dein Leben zu verändern. Gott gab uns in seiner grenzenlosen Liebe den freien Willen. Nutzen wir ihn. So kommen wir aus der Abhängigkeit in die Freiheit. So lösen wir auf wunderbare Weise unsere eigenen Beschränkungen auf

Wie ist es mit dir? In wieweit hast du anderen Menschen Macht und Kontrolle über dein Leben gegeben? Womit hast du deinen Selbstausdruck blockiert? Wo hast du dich festgefahren oder befindest dich vielleicht sogar in einer Sackgasse? Geht dein Leben ungenutzt an dir vorüber? Erkenne, daß es sich hierbei um beliebte Egospiele handelt, weil das Ego uns Menschen gerne in der Abhängigkeit festhalten will. Damit stärkt es sein System.

Um tiefgreifende Veränderungen herbeizuführen, suche die Hilfe in deinem Hohen Selbst. Dein Hohes Selbst kennt den Weg aus der Opferrolle. Es wird dir bei deinem Transformationsprozeß behilflich sein, wenn du deine Bereitschaft dazu erklärst.

Allerdings bedeutet das nicht, daß wir anderen Menschen nicht mehr helfen sollen. Die beste Hilfe ist immer noch die Hilfe zur Selbsthilfe.

Als Karl Heinz Böhm seine Organisation *Menschen für Menschen* gegründet hatte, erkannte er, daß es nicht genügt, den Menschen etwas zu essen zu geben. Er zeigte ihnen, wie sie sich selbst ernähren können. Das ist Hilfe zur Selbsthilfe. Ich habe eine tiefempfundene Hochachtung vor diesem großartigen Projekt.

Einem Kind die Schularbeiten zu machen, ist keine Hilfe. Aber mit ihm zu lernen, damit es seine Arbeiten allein schreiben kann, ist Hilfe zur Selbsthilfe. Lernen wir zu erkennen, wo und wie wir am besten helfen können.

Wir brauchen uns nur nach innen wenden. Wer wir sind, wo wir sind, spielt keine Rolle. Wir sind immer in Gott. Was gäbe es da zu fürchten?

Jahrelang hast du dich möglicherweise so verhalten, als wärest du ein Roboter, der nur damit beschäftigt war, die Wünsche der anderen zu befriedigen. Insgeheim warst du ihnen dann vielleicht auch noch böse, daß sie es nicht gebührend anerkannt und gewürdigt haben.

Jetzt ist es Zeit, aufzuwachen und **dein** Leben zu leben. Nimm dir Zeit und überlege sorgfältig, was du erleben möchtest. Es ist dein göttlicher Geist, der dein Leben verändern kann, niemand sonst ist dafür verantwortlich. So nutze die Chance und beginne gleich jetzt damit. Überlege dir, was du wirklich tun möchtest, was dir Freude macht, und dann tue es und sage nicht: „Ja, aber..."

Am besten besorgst du dir ein buntes kartoniertes Heft. Nenne es, wenn du magst: **Mein Erfolgsbuch**!

Denke immer daran, du kannst alles erschaffen, was du willst und was zum Wohle aller Menschen dient. Bevor du beginnst, erfolgreich dein Leben neu zu orientieren, werde dir darüber klar, was du wirklich willst. Plane deinen Erfolg schriftlich. Erstens wird deine Planung klarer sein und zweitens machst du dir bei den folgenden Übungen die Hilfe deines Unterbewußtseins zunutze. Das geschriebene Wort nimmt über deine Hand eine stärkere Programmierung deines Unterbewußtseins vor als das gedachte, schnell vergessene Wort.

Erstelle dir einmal eine Liste von zwölf Dingen, die du dir wünschst. Es geht darum, die Klarheit deines Willens zum Ausdruck zu bringen.

Nachdem du die zwölf Punkte auf deiner Liste erstellt hast, ordne sie nach ihrer Wichtigkeit. Schreibe die Liste neu und setze das, was du dir am dringendsten wünschst, auf die Position eins deiner Wunschliste.

Beginne zunächst mit Wünschen, die sich im Rahmen des Möglichen bewegen. Schreibe zuerst solche auf, an deren Erfüllung du wirklich glauben kannst.

Dann ordne die Liste noch einmal nach dem Gesichtspunkt der Zeit. Es gibt Wünsche, die lassen sich sofort realisieren, andere brauchen etwas länger, andere werden sich erst nach Jahren verwirklichen lassen.

Es kostet ein wenig Mühe, aber es lohnt sich. Je klarer du dir über deine Wünsche wirst, desto schneller lassen sie sich realisieren.

Mache zu jedem Wunsch auf deiner Liste eine genaue Beschreibung. Nehmen wir an, du wünschst dir einen neuen Pullover. Welche Farbe soll er haben? Aus welchem Material soll er sein? Welche Größe brauchst du? Es geht darum, dir über deinen Wunsch in allen Einzelheiten klar zu werden.

Wenn du eine neue Wohnung haben möchtest, verfahre genauso. Beschreibe sie genau. Wo soll die Wohnung in etwa liegen? In welcher Stadt oder in welchem Stadtteil? Am besten malst du dir einen genauen Grundriß, mit allen Details. Du solltest dich dabei allerdings nicht auf eine bestimmte Wohnung fixieren, die einem anderen Menschen gehört. Überlaß es dem Kosmos, dir die entsprechende Wohnung zu bringen. Setze auch den Preis fest, den du dafür bezahlen möchtest. Sei kreativ. Je genauer du alles in Gedanken erschaffst, desto eher erfüllen sich deine Wünsche.

Ich erinnere mich noch gut an einen meiner Seminarteilnehmer. Er mußte aus beruflichen Gründen an den Bodensee ziehen. Er war schier verzweifelt, weil die Wohnungen dort so teuer sein sollten. Er sagte zu mir: „Ich möchte so gerne ein Haus haben, aber ich kann keine 2000.- Mark bezahlen." Ich empfahl ihm: „Versuche es doch mit 850.- Mark." Ich riet ihm, das Haus zu visualisieren und den Preis dazu. Zunächst war er sehr skeptisch, folgte dann aber meinen Anweisungen . Eines Tages rief er mich voller Freude an: „Stell dir vor, ich habe ein wunderbares Haus gefunden für genau 850.- Mark." Ich freute mich mit ihm, und gleichzeitig wurde mir die wunderbare Kraft der Visualisation vor Augen geführt. Ich habe es schon so viele Male erlebt. Ich weiß, daß es funktioniert. Probiere es aus, und du wirst bald von der Wirksamkeit überzeugt sein.

Stelle dir nun das Ergebnis vor. Du wirst überrascht sein, wie bald sich deine Wünsche erfüllen lassen. Ich berichte noch an anderer Stelle über die Kraft der Visualisation. Hier geht es vor allem darum, klare Ziele zu erschaffen.

Verfahre so mit allen Punkten deiner Liste.

Arbeite immer wieder an deiner Liste. Wenn du plötzlich

feststellst, daß dir ein Wunsch auf deiner Liste nicht mehr wichtig ist, streiche ihn und gib deiner inneren Führung bekannt, daß du dich von diesem Wunsch wieder distanzieren möchtest.

Schiebe es nicht auf, beginne gleich heute damit.

Als nächstes erstelle dir eine Liste von zwölf Zielen, die du erreichen möchtest. Manchen Menschen fällt das sehr schwer. Sie kennen ihre Ziele nicht. Nachdem du deine Liste mit deinen Zielsetzungen erstellt hast, ordne sie nach kurz-, mittel - und langfristigen Zielen.

Beginne mit den Zielen, die sich schnell realisieren lassen. Je schneller du deine erreichten Ziele von deiner Liste streichen kannst, desto mehr Vertrauen wirst du in deine Fähigkeiten gewinnen. So steigt auch dein Vertrauen in deine schöpferischen Fähigkeiten. Je mehr du ihnen vertraust, desto größere Dinge kannst du erschaffen, desto größere Ziele kannst du erreichen. Nur sei dir bewußt: Manche Dinge brauchen mehr Zeit als andere.

Dann mach eine Liste mit deinen größten Talenten und Fähigkeiten . Auch hierbei haben viele Menschen Schwierigkeiten, weil sie glauben, keine Talente und Fähigkeiten zu haben. Nimm dir Zeit dafür. Bitte dein Hohes Selbst, dir deine Talente zu zeigen. Frage dein inneres Kind, welche Talente es gerne mit dir ausleben möchte. Ich bin sicher, es wird dir viel Freude machen.

Arbeite auch an dieser Liste immer wieder. Wenn dir ein Ziel auf deiner Liste nicht mehr wichtig erscheint, lösche es und ersetze es durch ein anderes. Entwickle ein Erfolgsbewußtsein.

Wenn du dir klar darüber wirst, was du erreichen möchtest, beginne deine Ziele zu visualisieren. So genau wie möglich. Achte dabei auf deine Gefühle. Je mehr du deine Bilder mit dem Gefühl des Erfolges und der Freude aufladen kannst, desto eher werden sie sich verwirklichen lassen. Mache diese Übungen aber nicht verkrampft, sondern spielerisch. Es kostet ein wenig Zeit, aber es schafft zielgerichtetes Denken. Werde erfolgsorientiert. Du bist ein Wunder!

Wenn du eines deiner Ziele erreicht hast, streiche es von deiner Liste. Freue dich darüber.Viele Menschen rasen von einem Gipfelerlebnis zum anderen, ohne sich jemals daüber zu freuen, wieder einen Gipfel bezwungen zu haben. Gehörst du auch dazu? Dann ändere es. Freue dich über das, was du erreicht hast. Genieße deinen Erfolg. Auf diese Weise wirst du immer erfolgreicher. Vor allem aber wird sich dein Erfolg immer spielerischer einstellen. Sage dir immer wieder:

ICH BIN Erfolg!
ICH BIN Erfolg!
ICH BIN Erfolg!

Achte auf dein Gefühl dabei. Fühle den Erfolg in dir. Menschen, die sehr erfolgreich sind, haben ein Erfolgsbewußtsein. Je mehr Aufmerksamkeit du den einzelnen Zielen auf deiner Liste widmest, je genauer du alles visualisierst, desto schneller wirst du Erfolg haben. Und desto früher wirst du dir ein Erfolgsbewußtsein zulegen.

Du kannst dir auch die entsprechenden Affirmationen dazu schaffen. Sie verstärken deine Visualisationen.

Arbeite immer wieder mit deinen Listen. Durch das aktive Schreiben werden deinem Unterbewußtsein die entsprechenden Prägungen gegeben. Auf diese Weise wird es dich hilfreich unterstützen. Und noch etwas: Wenn deine Zielvorstellungen klar sind, wirst du auch die Hilfe des Universums bekommen.

Jesus hat es uns vorgelebt. Er war immer ganz klar in seinen Zielen und sehr handlungsorientiert, mit dem inneren Wissen, daß er sich auf die göttliche Kraft in seinem Innern verlassen konnte. Er sah sein Ziel klar vor sich und ging in dem Bewußtsein, es zu erreichen, gezielt darauf zu.

Aber: Bleibe realistisch. Es ist unrealistisch, sich zu wünschen, der weltbeste Pianist zu werden, wenn du nicht einmal Klavier spielen kannst. Um ein bekannter Chirurg zu werden, mußt du erst das Arztstudium absolvieren. Bleibe im Rahmen deiner Talente und Möglichkeiten.

Wenn du dir auf diese Weise ein genaues Bild gemacht hast, beginne deine Wünsche zu visualisieren.

Es ist gut, diese Phase auf deinem Entwicklungsweg und dein Bemühen für dich zu behalten. Die Bedenken anderer Menschen würde dich nur von deinem Ziel abbringen.

Öffne dich für die Eingebungen, die dir aus den geistigen Reichen zufließen. Nimm dir täglich ausreichend Zeit, mit deinen Listen zu arbeiten, und gehe in die Stille, um dich für die kosmischen Ideen zu öffnen. Wenn du zielgerichtet arbeitest und dich für die Eingebungen aus den höheren Dimensionen öffnest, wirst du deine Ziele viel schneller und müheloser erreichen.

Hier möchte ich eine Erfahrung mit dir teilen. Eines Tages suchte ich weiße Baumwollblusen für meine Praxis. Ich war schon durch die ganze Stadt gegangen und hatte erfolglos danach gesucht. Am nächsten Tag war ich aus einem anderen Grund wieder in der Stadt, und mein Geistführer sagte mir, ich solle es doch einmal bei Boecker versuchen. Ich sagte: „Da war ich gestern schon, sie haben keine Blusen in der Art, wie ich sie brauche.“ Eckhart aber meinte, ich solle es doch noch einmal versuchen. Ich ging also erneut in das Geschäft, und siehe da, es war gerade ein Ständer mit wunderschönen Baumwollblusen hereingekommen, die außerdem sehr gut und preiswert waren. Ich bedankte mich sehr für die Führung und freute mich über die schnelle Wunscherfüllung. Ich habe solche Erfahrungen schon viele Male gemacht. Auch du wirst sie machen, wenn du dafür bereit bist.

Wenn du mit deinen Listen fertig bist, übertrage deine Wünsche und Ziele am besten in ein kleines Heft und trage es immer bei dir. So kannst du deine Ziele immer wieder anschauen und wie ein Mantra laut lesen. So prägen sie sich deinem Unterbewußtsein schneller ein. Du kannst deine Wünsche und Ziele natürlich auch aufmalen. Gestalte deine Bilder so schön und farbig wie möglich. Dein inneres Kind wird freudig daran mithelfen. Wisse, daß du auf dem richtigem Weg bist. Dir werden Menschen begegnen, die dich unterstützen. Wege und Lösungsmöglichkeiten werden dir aufgezeigt.

Verzweifle nicht und laß dich nicht entmutigen, wenn auf deinem Weg Hindernisse auftauchen. Es ist durchaus möglich, daß sie zu deinem Wachstumsprozeß gehören. Also, gib nicht gleich bei der ersten Hürde auf, wie das leider so viele Menschen tun. Wirf dein Herz über das Hindernis oder räume es aus dem Wege.

Vor allem aber hab´Geduld. Alles braucht seine Zeit. Vertraue darauf, daß sich deine Wünsche in der richtigen Weise und zur richtigen Zeit verwirklichen werden.

Freue dich über die Ideen, die dir spielerisch zufließen . Neue Menschen werden in dein Leben treten. Du ziehst sie über eine energetische Schiene zu dir heran. Achte auf die Zeichen, die der Kosmos dir gibt, sei offen und bereit, etwas Neues zu wagen.

„*Wer wagt, der gewinnt*", sagt der Volksmund. So plane, wage und gewinne!

Zweifle nie an deinen Möglichkeiten. Und noch einmal: Sprich nicht über deine Ziele. Behalte sie für dich. Sonst setzt du dich der Gefahr aus, daß andere Menschen aus Neid oder destruktivem Denken dich von deinem Vorhaben abbringen. Diese Gefahr kannst du vermeiden, wenn du deine Pläne für dich behältst. Gerade Menschen, die wir lieben und die uns in Liebe zugetan sind, haben oft die Macht, uns schnell von unserem Erfolgskurs abzubringen.

Erfülle dein Leben mit deiner Wahrheit. Nur dann wirst du es in Liebe, Freude, Harmonie und mit größtem Erfolg leben.

Lege alle alten Muster ab, die dich an deinem Erfolg hindern könnten. Schaue sie an und laß sie los. Sobald du dem Kosmos durch deine Taten beweist, daß es dir ernst ist mit deinem Wunsch nach Veränderung, wirst du alle Hilfe zur richtigen Zeit bekommen, die notwendig ist, deine Wünsche zu erfüllen.

Sollte sich einer deiner Wünsche nicht realisieren, so hat das seinen Sinn, auch dann, wenn du ihn nicht sofort erkennen kannst. Glaube daran, alles geschieht zu deinem Besten. Sei gelassen und gib den Dingen Zeit, sich zu entwickeln. Oft ist es so, daß wir noch nicht bereit sind für die Erfüllung unserer Wünsche.

Wenn wir zum Beispiel eine große Geldsumme visualisieren, aber noch ein Mangelbewußtsein haben, müssen wir daran arbeiten und dieses erst in ein Wohlstandsbewußtsein verwandeln. Man kann es immer wieder beobachten, daß Menschen, die sehr viel Geld im Lotto gewinnen, nach ein paar Jahren wieder genauso arm sind wie zuvor. Der Gewinn traf sie zu schnell und unvorbereitet. Sie hatten noch kein Wohlstandsbewußtsein. Geld ist eine ganz neutrale Energie, die unserer Energie gemäß sein sollte. Je höher wir uns entwickeln, desto schneller schwingen wir und können analog dazu auch mehr Geldenergie in unser Leben ziehen.

Wenn du also mehr Geldenergie in dein Leben einladen möchtest, dann arbeite an deinem Wohlstandsbewußtsein. Stelle dir vor, wie es sich für dich anfühlt, reich und wohlhabend zu sein. Es kann sein, daß du dein Unterbewußtsein durchleuchten mußt, ob sich dort alte Muster befinden, die deinen Wohlstand verhindern. Das ist bei den meisten Menschen der Fall. Glaube daran, du bist Fülle.

Das ganze Universum ist Fülle und Überfluß. Nur wir Menschen trennen uns oft von dieser Fülle ab, weil wir unbewußt glauben, wir verdienen sie nicht. So öffne dich für die Fülle. Laß alle alten Muster los, die dich von der Fülle trennen. Verschwende keine Zeit mit sinnlosen Grübeleien, sondern gehe zielgerichtet vor. Sei dir bewußt, daß du Gottes geliebtes Kind bist und somit Teil der göttlichen Fülle. Lebe den Überfluß und die Fülle. Trenne dich nicht ab davon. Armut ist eine Wahl, wie die Fülle auch. Wenn du bist jetzt ein Leben des Mangels, gerade am Existenzminimum, geführt hast, triff eine neue Wahl. Wähle die Fülle. Öffne dich den kosmischen Energien, die nur darauf warten, daß du sie in dein Leben einlädst.

Viele von uns müssen erst mühsam lernen, Grenzen zu ziehen, und zwar dann, wenn wir es noch liebevoll tun können. Manchen Menschen gelingt dies erst, wenn sie schon am Ende ihrer Nervenkraft angelangt sind oder durch ihre Opferhaltung so viel Wut angesammelt haben, daß sie die Grenze nur in Form eines Vulkanausbruchs setzen können. Dahinter steckt zum einen die Angst, daß wir nicht geliebt werden, wenn wir eine eigene Meinung haben, und zum anderen unsere Erziehung, daß man für das Wohl und die Gefühle der anderen Menschen verantwortlich sei. Auch ich habe es über Jahre lernen müssen, das zu tun, was ich wollte. Auch ich war eine Meisterin darin, meine Gefühle, die ich zum Teil noch nicht einmal kannte, weil ich es nicht gelernt hatte, auf sie zu achten, hinten anzustellen.

So lerne, dein Leben zu leben, deine Wahrheit zu leben und auszudrücken. Wenn dir dein Leben leer und sinnlos erscheint, gib ihm einen neuen Sinn.

In Markus 9,23 heißt es:

„Alle Dinge sind möglich dem, der da glaubt."

Der erste Schritt ist, daß du lernst, an dich zu glauben. Vertraue dir. Du kannst alles erreichen, was du möchtest. Beginne gleich heute damit, dein Leben zu verändern. Vertraue darauf, daß das Universum dich unterstützen, dir in jeder nur möglichen Form helfen wird.

Ich habe es so viele, viele Male in meinem Leben erfahren. Auch du wirst es erleben, wenn du dich auf den Weg machst. Laß dein Leben mit all seinen unbegrenzten Möglichkeiten nicht ungenutzt an dir vorüberziehen.

Du mußt in deinem tiefsten Inneren glauben, daß du ein Wunder bist und dir unbegrenzte Möglichkeiten zur Verfügung stehen.

Schließe einmal für einen Moment deine Augen und entspanne dich. Nun stell dir die Frage, ob du wirklich an dein göttliches Potential glaubst und ob du zur Veränderung bereit bist. Lautet deine Antwort „ja", so hast du die erste Hürde bereits genommen, wenn die Antwort „nein" ist, dann arbeite daran.

Die Umweltbedingungen und deine Erziehung schränken

dich nicht ein, sondern nur du dich selbst. Es ist deine Wahl, wie deine Zukunft aussehen soll. Wir leben in einem Zeitalter der unbegrenzten Möglichkeiten. Wir sind multidimensionale Wesen.

Laotse hat einmal gesagt:

„Der Baum, den die Arme kaum umspannen, entstand aus einem winzigen Sproß. Die weiteste Reise beginnt mit dem ersten Schritt."

So entschließe dich gleich heute, den ersten Schritt zu tun. Beseitige alle Hindernisse, die sich dir in den Weg zu stellen scheinen. Verschiebe den Beginn deiner Reise nicht, sonst wirst du sie möglicherweise erst gar nicht antreten.

Die wichtigste Stunde in deinem Leben
ist die gegenwärtige.
Der wichtigste Mensch ist der,
mit dem du gerade zu tun hast.
Und das wichtigste Werk
ist die Liebe.

Meister Eckhart

Du bist auf der Welt, um frei und glücklich zu leben. Erwache und lebe das Wunder. Du bist hier, um dich zu verwirklichen. Bitte dein Hohes Selbst, dich auf dem Pfad der Erleuchtung zu führen. Es ist deine Entscheidung, ob du „ja" zum Leben sagst. Die Erde ist kein Jammertal, wie dies leider viele Menschen glauben, und es ist auch keine Strafe Gottes, daß wir hier unsere Lernprozesse machen müssen. Wir selbst haben es gewählt, zu diesem Zeitpunkt hier auf der Erde zu sein. Die Erde ist ein Schulungsplanet, auf dem wir unsere Evolutionsreise fortsetzen. Je mehr wir uns spirituell entwickeln, desto besser wird unsere Lebensqualität. Unser Hohes Selbst wartet auf unsere Bereitschaft, uns zu unserem wahren Sein zu führen. Mache Gebrauch vom Geschenk des freien Willens, den Gott dir gegeben hat. Wir alle haben die wunderbare Freiheit, unser Leben so zu gestalten, wie wir es gerne leben möchten. Wir haben das göttliche Potential in uns, das uns befähigt, alles zu erreichen, was wir uns wünschen.

J. Sig Paulson hat so treffend gesagt:

„Du hast die Wahl, eine Speiche im Rad des Fortschritts zu sein, oder von ihm überfahren zu werden.“

Du hast die Wahl, Amboß oder Hammer zu sein. Triff deine Wahl. Jetzt!

Die Welt macht Platz für den Menschen, der zielgerichtet ist. Nimm dir Zeit, dir heute ein hohes Ziel zu wählen - dann bleibe ihm treu, und du wirst dein Leben verändern.

Die Entscheidung für eine bestimmte Handlungsweise bringt uns auch die nötige Energie zu ihrer Ausführung. Die Kraft Gottes ist in dir. Sie steht dir jederzeit zur Verfügung und hilft dir, alle alten Verhaltensmuster loszulassen und alle Stolpersteine aus deinem Weg zu räumen. Überwinde deine Ängste, sie behindern dich auf deinem Weg ins Licht. Habe keine Angst vor deiner eigenen Größe, sondern lebe sie. Unterdrücke deine spirituellen Kräfte nicht, sondern drücke sie aus. Öffne dein Herz für die Veränderungen, die in dein Leben treten wollen.

Sei dir bewußt, daß dich das Universum bei deinen Bemühungen unterstützen wird. Es wird dir helfen lebendiger zu werden, voller Freude und Lebenslust zu sein. Finde zu dir selbst und lebe deinen eigenen Ausdruck.

Manche alten Ängste mußt du hinter dir lassen, wenn du in die Liebe und die Freude hineinkommen willst. Viele Menschen haben Angst vor der Selbstverantwortung. Aber sie ist notwendig auf dem Weg in die Freiheit. Freue dich auf dein neues Leben. Vertraue dir und wisse, du bist der Schöpfer deiner eigenen Realität.

Bleibe deinen Visionen treu und erlaube keinem Zweifel, dich aufzuhalten. Sei bereit, einen Quantensprung zu tun. Gehe vorwärts, schau nicht zurück. Alle deine Träume, die dem Wohl des Ganzen dienen, können Wirklichkeit werden, wenn du es willst. Laß die alten, dich begrenzenden Bewußtseinsstrukturen hinter dir. Sei bereit für die Wunder in deinem Leben. Vertraue der Führung des Hohen Selbst, sie weiß, wann es zu handeln oder sich auszuruhen gilt. Oft sind die Phasen der Ruhe diejenigen, die uns am meisten weiterbringen. Auch wenn unser aktiver und stets am Handeln interessierter Intellekt das nur schwer einsehen kann. Wenn deine innere Führung dich auffordert, nichts zu tun und dich auszuruhen, folge ihr. Fordert sie dich aber zum Handeln auf, dann zögere nicht, sondern vertraue. Wenn deine Motive klar und lichtvoll sind, wirst du auch Erfolg in all deinen Unternehmungen haben. Das Universum wird dir jede nur mögliche Hilfe zuteil werden lassen.

Gerade jetzt sollten wir unser Leben ändern! Wir konnten nicht früher damit anfangen, aber jetzt sollten wir damit beginnen. Jetzt ist die wichtigste Zeit, die es gibt.

Vergeude keine Zeit und Energie, sondern lebe den kosmischen Gesetzen entsprechend.

Gedankenbilder

Übe dich in der schöpferischen Imagination. Am Anfang mag es noch schwer für dich sein, dir mentale Bilder zu erschaffen. Mit der Zeit wird es dir immer leichter fallen, und du wirst viel Freude daran haben. Es ist eine Sache der Übung. Beobachte einmal Kinder. Sie lieben es, sich Situationen, in denen sie gerne leben möchten, auszumalen. Stelle dir zunächst einmal Dinge vor, von denen du überzeugt bist, daß du sie auch erreichen kannst.

In der schöpferischen Imagination sind dir keine Grenzen gesetzt. Werde kreativ. Verwirkliche deine individuelle Persönlichkeit. Verwirkliche deine Ziele und Visionen. Dein Leben sollte voller Faszination und Kreativität sein. Genieße es, neue Wege auszuprobieren. Überwinde deine Ängste vor dem Unbekannten. Vielleicht hat man dir als Kind einmal deine Träume zunichte gemacht. Möglicherweise haben deine Eltern es nicht verstanden, wenn du dir bestimmte Dinge, die du gerne haben oder leben wolltest, ausgemalt hast. Sei deshalb nicht traurig. Es ist dein Leben, das du verändern möchtest. Jetzt bist du erwachsen und kannst deine eigene Kraft der Imagination, deine Schöpferkraft einsetzen. Du kannst auch deine Visionen mit den entsprechenden Affirmationen hilfreich unterstützen. Nur müssen die Affirmationen regelmäßig und über einen längeren Zeitraum gesprochen werden. Die meisten Menschen geben gerade bei den Affirmationen viel zu schnell auf und wundern sich dann, daß sich nichts verändert. Es ist auch nicht sinnvoll, zu viele Affirmationen auf einmal zu verwenden. Besser wäre es, bei einigen wenigen zu verweilen. Erarbeite mit deinem Hohen Selbst zusammen die für dich richtigen Affirmationen. Es dauert eine Weile, bis dein Unterbewußtsein die Speicherung annimmt. Also, laß dich nicht entmutigen und sei nicht ungeduldig!

Wenn wir nicht mehr kreativ und schöpferisch sind, fehlt es in unserem Leben an Lebendigkeit, und wir verfallen in Stumpfheit und Apathie. Uns fehlt die Freude an Dasein. Auf diese Weise kommen wir immer tiefer in die innere Vereinsamung und Verzweiflung hinein. Immer mehr Menschen leiden an Depressionen. Sie haben vergessen, wer sie sind. Alle Lebendigkeit ist von ihnen gewichen. Das Leben scheint für diese Menschen keinen Sinn mehr zu haben. Sie haben die Kommunikation mit sich und anderen verloren. Hier ist Hilfe notwendig. Diese Menschen müssen den Sinn ihres Lebens wiederfinden, damit sie wieder in die Liebe und die Freude hineinkommen. Das Licht in ihrer Seele muß wieder entzündet werden. Hier kann die geistige Heilung sehr hilfreich sein.

So mache dich auf, um dein Leben reich und kreativ zu gestalten. Sei voller Liebe und Begeisterung. Sag „ja“ zum Leben und zu dir. Erkenne dich als ein strahlendes göttliches Wesen mit unbegrenzten Möglichkeiten. Vertraue deiner Intuition. Das Universum ist voll kreativer Energien. Öffne dich dafür. Nimm dir Zeit für dich und erschaffe alles, was du dir vorstellst. Sei nicht länger Zaungast in deinem Leben, werde aktiv. Sei nicht halbherzig in deinen Handlungen. Sei voller Liebe und Lebendigkeit.

Fordert dich deine Seele auf, in die Stille zu gehen und dich neu zu orientieren? Dann folge dieser Aufforderung. Leiste keinen Widerstand, er würde dich nur schwächen. Sei offen für deine innere Führung. Sei bereit, ihr zu folgen.

Wisse, daß sie dich niemals irreführen wird, das tut nur der Verstand. Entspanne dich und laß los - alles, was nicht mehr zu dir gehört. Konzentriere dich auf das Wesentliche. Auf dein göttliches Sein. Vertraue. Lege deine Ungeduld ab. Sie ist ein großer Stolperstein auf deinem spirituellen Weg. Alles im Universum hat seine Zeit und seine Stunde. Genieße dein Leben. In jeder Minute. Im Hier und Jetzt. Mache jeden Tag zu deinem schönsten Tag. Beginne ihn mit Gott und laß ihn mit Gott enden. Sei in Gott. Denke immer daran, du bist der Meister deines Lebens. Willst du dich unnötigen Sorgen hingeben, oder willst du die Liebe und die Freude leben? Sei bereit zur Veränderung. Dehne dein Bewußtsein aus. Schwinge dich auf zu den Sternen. Du kannst sie erreichen.

Schiebe keine Entscheidungen auf. Wenn du etwas verändern willst, beginne gleich jetzt damit. Mit Gott sind alle Dinge möglich! Dein Glaube wird Berge versetzen. Bist du bereit, deine alten Muster aufzugeben, deine Ängste loszulassen und auf deinem spirituellen Pfad vorwärtszugehen? Bist du bereit, dein Lebensschiff in neue, unbekannte Gewässer zu steuern? Auch wenn es noch neu für dich ist, öffne dich für dein wahres Sein.

Du bist das Licht der Welt

Wir leben in einer aufregenden Zeit voll herrlicher Möglichkeiten der Bewußtseinsentwicklung. Auch wenn du die Verwandlung zum Licht noch nicht zu erkennen vermagst, sie findet trotzdem statt. Wir lassen das Zeitalter der Materie hinter uns und beginnen uns mehr und mehr dem Geistigen zuzuwenden. Immer mehr Menschen öffnen sich für das Spirituelle. In jedem von uns finden tiefgreifende Entwicklungsprozesse statt. Oft sind diese Prozesse schmerzhaft, nämlich dann, wenn wir uns dagegen stemmen. Je mehr Vertrauen du in deine innere Führung entwickelst, desto leichter werden deine Wachstumsprozesse verlaufen. Je stärker du im Glauben und Vertrauen wirst, desto mehr wird sich das Leben für dich in seiner ganzen Schönheit entfalten. Schöpfe aus der göttlichen Quelle in dir. Dort ist deine Kraft.

Möglicherweise kannst du die Wandlung, die sich bereits am Horizont abzeichnet, noch nicht erkennen. Viele Menschen setzen sich tagaus, tagein dem negativen Bombardement der Medien und Zeitungen aus und wundern sich dann, wenn ihre Ängste zunehmen. Auf diese Weise wird das Angstpotiential im Kosmos ständig verstärkt. Durch das Fernsehen werden wir pausenlos mit Botschaften aus der Werbung geradezu überschwemmt. Auch wenn wir uns auf der bewußten Ebene dagegen wehren, tauchen die Werbesignale doch in unser Unterbewußtsein ab. Sie werden dort gespeichert und wirken sich auf unser Leben aus. Wir sind „fremdbestimmt.“ So ist es für uns sehr wichtig, uns von den Fremdkonditionierungen zu befreien und uns auf unsere eigenen Botschaften und Wünsche zu besinnen. Beobachte dich einmal selbst. Wie oft hast du schon etwas gekauft, das in einer Werbung angepriesen wurde? Wie oft tust du Dinge, von denen andere Menschen dir sagen, daß du sie so und nicht anders zu machen hast? Wir sind uns dieser Fremdbestimmung zumeist gar nicht bewußt. Würdest du manchmal auf Grund deiner Intuition anders handeln? Dann zögere nicht, es zu tun. Lerne, dir allein zu vertrauen. Lerne dich selbst kennen. Sie ist ein spannendes Abenteuer, die magische Reise zu dir selbst. Habe nur ein bißchen Mut. Du wirst es nicht bereuen. Dein Leben wird viel lebendiger werden.

Für die Menschen, die sich mit der Zeit der Wandlung auseinandersetzen, ist es eine göttliche Möglichkeit der Bewußtseinserweiterung. Den Menschen wird immer mehr bewußt, daß alles im Universum von der Schöpferkraft durchdrungen ist. Die Kraft Gottes ist in uns und dem ganzen Universum. In dieser Kraft haben wir unser Sein. Sie ist das Licht in uns.

Du bist das Licht der Welt. Wenn du das Licht in dir findest, wirst du es überall finden. Finde die Liebe in dir, und du wirst ihr überall begegnen. Sei in der Freude, und überall wirst du der Freude begegnen.

Wenn du die Liebe in dir findest und deinen eigenen göttlichen Ausdruck lebst, kannst du auch anderen Menschen helfen, das Licht und die Liebe in sich zu finden. Du kannst ihnen helfen, mutig zu werden und ihren ureigensten Ausdruck zu leben.

GOTTES LEBEN

Was auch wächst dort auf den Fluren,
alles Gottes Leben hat.
Und du findest Seine Spuren
selbst im allerkleinsten Blatt.
Gott lebt doch in allen Dingen.
Jeder Halm atmet Sein Sein.
Seine Lebenslieder klingen
in den Sternen, wie im Stein.
Seine Wunderkräfte wirken
in Galaxen dort im All,
in den Stämmen heller Birken
und im schimmernden Kristall.
Auch dein Körper, lieber Bruder,
ist Sein Tempel in der Zeit.
Jedes Kind und jede Mutter
zeugt von seiner Herrlichkeit.
Selbst in tausend deiner Leben
kannst du Gott nur loben - loben.
Du wirst immer danach streben,
zu erkennen Gott da droben.

Joachim Schwarzkopf

Um Gott in uns zu finden, müssen wir viele religiöse Überzeugungen und Glaubensmuster loslassen, die wir seit Jahrtausenden übernommen haben. Bewerten oder verurteilen wir sie nicht, sondern lassen wir sie hinter uns. Gott, ihr Lieben, ist nicht jemand, der einige seiner Kinder liebt und andere bestraft.

Viele Menschen können an diesen Gott nicht mehr glauben. Vor kurzem war ein junger Mann in einem meiner Seminare. Er sagte: „Ich glaube nicht an Gott. Er ist ein ungerechter Mann." Als ich ihm aber Gott als die alles aktivierende Energie im Universum vermitteln konnte, war er in der Lage, sich mit dieser Schöpferkraft zu verbinden. Er bekam sogar eine wunderbare Botschaft von Gott, voller Liebe. Ich glaube, daß es vielen Menschen ähnlich geht. Sie haben ein völlig falsches Gottesbild. Gott ist die allwissende, allmächtige, liebende Energie, die alles umfaßt und aktiviert.

Gott ist absolute Liebe, die alles Sein durchdringt. Du bist göttlicher Geist, voller Leben und Liebe. Das ganze Universum ist eine Offenbarung der Liebe, von der Weisheit und Kraft Gottes durchdrungen. Halte deinen Blick darauf gerichtet. Du bist der Kanal für die göttliche Liebe und Heilkraft. Du bist das Instrument Gottes, durch das er sich ausdrücken möchte. Aber Gott braucht dazu deine Bereitschaft. Er wird niemals in deinen freien Willen eingreifen.

Du bist sein Lichtbote und Lichtträger. Er möchte dich zu seinen Kindern senden, die noch nicht um das Licht wissen. Erkenne diese göttliche Kraft in dir. Wenn du diese Schöpferkraft in dir als Realität anerkannt hast, wirst du deiner inneren Führung folgen. Je mehr du aus ihr heraus lebst und dein Sein erfährst, desto freier und unabhängiger wirst du. Laß die Weisheit deiner Intuition zu und die Schöpferkraft durch sie fließen. Auf diese Weise wirst du mehr und mehr deine Talente leben.

Du wirst zum kosmischen Kanal, inspiriert durch das dir innewohnende göttliche Potential. Du wirst zum Kanal für die Liebe, das Licht und die Freude. Je mehr Liebe du gibst, desto mehr fließt zu dir zurück. Je mehr Licht du aussendest, desto lichter wirst du. Je mehr Freude du mit anderen teilst, desto mehr Freude bekommst du. Geben und empfangen sind nicht voneinander zu trennen.

Da alles Wissen des Universums in dir gespeichert ist, kannst du aus diesem unbegrenzten Wissensreservoir jederzeit schöpfen. Dein Hohes Selbst wird dir alles Wissen, das du brauchst, zum richtigen Zeitpunkt übermitteln. Dein Leben wird leicht und freudig, wenn du deiner inneren Führung vertraust. Diese Führung erfährst du allerdings nur in der Stille. So gehe regelmäßig in die Stille. Fliehe sie nicht mehr. Sage nicht länger: „Ich habe keine Zeit." Wenn du nur ein paar Minuten am Morgen und einige wenige Augenblicke vor dem Schlafengehen in der Stille verbringst, wirst du mehr an Kraft gewinnen, als du dir jetzt vorstellen kannst. Verstecke dich nicht länger hinter äußerer Geschäftigkeit. Laß alle Entschuldigungen beiseite. Es ist keine Frage der Zeit, sondern der Motivation und der Konsequenz. Wir alle vergeuden viel zu viel Zeit mit unwichtigen Dingen. Wieviel Zeit verschwenden wir Menschen damit, uns Sorgen um die Zukunft zu machen. Wieviel Zeit und Energie verlieren wir, wenn wir uns ständig mit den Schmerzen der Vergangenheit auseinandersetzen. Wenn wir die Zeit nutzen und mit Dingen verbringen, die uns wirklich Freude machen und die wir mit Liebe erledigen, haben wir auch genügend Zeit. Viele Menschen nehmen immer wieder die mangelnde Zeit und Energie als Entschuldigung. Gehörst du auch dazu? Stelle es ab. Das ständige „ich habe keine Zeit" bringt uns in einen permanenten Streß hinein. Nur, mit diesem Dauerdruck können wir sehr schlecht leben, wir machen uns krank damit. So sei bereit für eine Wende in deinem Leben!

Wir alle haben genügend Zeit, nur verbringen wir zuviel Zeit mit unwesentlichen Dingen. Wilhelm Busch hat es so ausgedrückt:

Eins, zwei, drei im Sauseschritt,
läuft die Zeit, wir laufen mit.
Schaffen, schuften, werden älter,
träger, müder und auch kälter.
Bis auf einmal man erkennt,
daß das Leben geht zu End.
Viel zu spät begreifen viele
die versäumten Lebensziele:
Freude, Schönheit und Natur,
Gesundheit, Reisen und Kultur.
Darum Mensch, sei zeitig weise!
Höchste Zeit ist's - reise, reise!

Wilhelm Busch

Viele Menschen benutzen das Zeitproblem auch als Ausrede. „Ich habe keine Zeit", könnte, so betrachtet, auch als Alibifunktion dienen.

LIEBE IST DER GEIST DER WELTEN

Bewußtsein der Untrennbarkeit -
Gottesfunke unter Sternenzelten
Dein Leben ist Geborgenheit,
denn Liebe ist der Geist der Welten.
Dein Handeln sei von Gott durchdrungen -
Edles Streben nach dem Licht
Vergang'ne Last - sie ist bezwungen;
die Seele reift zu hoher Sicht.

Hermann Ilg

Die Liebe ist der Weg, den wir in Dankbarkeit beschreiten wollen! Die Liebe ist die Lösung jedes Problems. Die Liebe ist unser größtes Glück. Schon der Apostel Paulus sagt in seinem hohen Lied der Liebe im 1. Korinther 13,13.

„Nun aber bleibt Glaube, Hoffnung, Liebe, diese drei; aber die Liebe ist die größte unter ihnen."

Du bist Liebe! Sprenge alle Fesseln des kleine Ichs und lebe sie.

Jede Seele im Universum hat einen eigenen kosmischen Ton. Alle Seelen zusammen bilden ein riesiges kosmisches Orchester. Achte darauf, daß dein kosmischer Ton rein und klar ist. Stimme dich ein in den Gleichklang mit dem Universum. Auch wenn es um dich herum laute und knirschende Töne gibt, dein Ton sollte klar und freudig sein. Eines Tages werden alle Seelen im kosmischen Orchester unter der Leitung Gottes harmonisch zusammenspielen. Dann wird das Universum wieder im Einklang sein. Das Wort Universum bedeutet Einklang.

Wir alle gehen durch einen gewaltigen Bewußtseinswandel hindurch, um wieder ins Einssein mit allem, was ist, hineinzukommen. Wir sind eins mit dem ganzen Universum, durch den alles aktivierenden Geist Gottes. Auch wenn uns unser Egosystem in der Getrenntheit festhalten will, wir sind eins mit dem Kosmos. Da wir es uns zu eigen gemacht haben, in der Polarität zu denken, ist die Einheit für uns nur schwer nachzuvollziehen. Unser Ziel ist es aber, in diese Einheit zurückzukommen. Der Weg dahin führt nur über die Liebe. Darum, finde die Liebe in dir. Die Liebe allein führt dich in die Einheit zurück. Um dieses in letzter Konsequenz zu erfassen, müssen wir unser Bewußtsein auf eine höhere Stufe erheben. Wir müssen uns dazu mit unserem Hohen Selbst verbinden und aus der Sicht der Polarität in die Sicht der Einheit kommen.

Viele Menschen beschäftigen sich heute mit metaphysischen Fragen, mit den Dingen, die hinter der sichtbaren Welt liegen. Allmählich lüftet sich der Schleier des Mysteriums. Je mehr wir in der Lage sind, die Grenzen unseres Bewußtseins auszudehnen, desto mehr können wir hinter den Schleier schauen.

Da uns von der geistigen Welt höhere Energien auf die Erde gesandt werden, damit wir uns schneller entwickeln können, findet auf der Erde eine große Umwandlung statt. Der Planet Erde ist auf eine höhere Schwingungsebene gehoben worden, und wir Menschen mit ihm. Das hat zur Folge, daß sich das Bewußtsein vieler Menschen erhöht und erweitert, und die Energien, die sie jetzt aussenden, können den göttlichen Funken im Herzen ihrer Mitmenschen entzünden. Das gilt auch für dich:

Das Licht, das du aussendest, wird deinen Brüdern und Schwestern helfen, das Licht in ihrem Inneren anzuzünden. Sei bereit für eine Wandlung in deinem Bewußtsein. Begib dich auf die spirituelle Reise und finde dich selbst.

Gestalte dein Leben neu. Du wirst ungeahnte Möglichkeiten in dir entdecken. Öffne dich für die vielen neuen Facetten in deinem Leben. Du wirst dein göttliches Potential in dir entdekken und es leben. Dein Leben wird erfüllt und voller Freude und Liebe sein.

Jesus hat gesagt:

„Trachtet zuerst nach dem Reich Gottes, alles andere wird euch gegeben.“

Gott ist Fülle, und das Universum ist Fülle. Sei auch du Fülle und lebe in der Fülle.

Das Reich Gottes ist in dir. Wenn du es dort findest, wirst du es überall finden.

Du wirst dir deiner kosmischen Aufgabe bewußt. Du hast dich bewußt in dieser Zeit inkarniert, um an der planetarischen Veränderung mitzuhelfen. Dein Hohes Selbst wird dir deine Aufgabe zeigen. Hast du sie bereits gefunden, so arbeite voller Freude und Liebe daran, und dir wird alle Kraft zur Verfügung stehen, die du brauchst. Wenn du dir über deine Aufgabe noch nicht klar bist, so gehe in die Stille und meditiere darüber. Erst wenn du Frieden und Harmonie in dir gefunden hast, kannst du Dinge verändern: Denkst du liebevoll, sprichst und handelst du auch liebevoll. Ist dein Denken chaotisch, sind auch deine Worte entsprechend und dein Handeln destruktiv. Du allein bist für deine geistige Verfassung verantwortlich. Du allein kannst dein Bewußtsein auf eine höhere Stufe heben.

Frieden in der Welt wird es erst dann geben, wenn jeder Mensch Frieden und Harmonie in sich gefunden hat.

Wie ist es mit dir? Bist du im Frieden und lebst aus deiner Mitte heraus? Der Friede Gottes ist in dir und wartet darauf, daß du ihn findest und nach außen trägst.

In der heutigen Zeit gibt es unzählige Möglichkeiten, anderen Menschen zu helfen oder etwas für die Umwelt zu tun. Denke immer daran, du hast die Wahl, wie du leben und wirken möchtest. Du bist ein multidimensionales Wesen, du bist ein Wunder. Erkenne es. Lebe es!

Je weiter du dein Bewußtsein ausdehnst, desto mehr wirst du in der Lage sein, deine Froschperspektive zu verlassen und planetarische Zusammenhänge zu verstehen. Du wirst mithelfen, unseren Planeten zu einem Paradies zu machen. Du wirst eine Aufgabe finden, die dir wirklich Freude bereitet, die dein ganzes Sein erfüllt. Du wirst liebevolle Beziehungen aufbauen. Dein Hohes Selbst wird dich mit den Menschen zusammenführen, die zu deiner spirituellen Familie gehören. Du brauchst nur offen sein für diese Begegnungen. Sei bereit für die Wunder, die durch dich und um dich herum geschehen.

Durch deine spirituelle Entwicklung wird ein strahlend helles Licht um dich sein, von dem andere Menschen, die mit deinem Licht harmonisieren, angezogen werden. Und dieses Licht wird deine Aura strahlend hell machen. Die Menschen werden dir mit Liebe entgegentreten. Die Zeit der Einsamkeit und das

Gefühl der Verlasenheit sind dann vorbei. Du bist erfüllt von Liebe und Weisheit deines Hohen Selbst.

Gehe den Weg des Lichts, lebe im Licht, und du lebst in Gott. Laß dein ganzes Sein von der Liebe Gottes durchdringen. Stelle dir vor und spüre, wie die Liebe Gottes in alle deine Zellen fließt und sie mit neuer Kraft und mit Licht und Liebe auflädt. Ein besseres Verjüngunsmittel gibt es nicht. Es muß nur regelmäßig geschehen. Jedes Mal, wenn du dich mit Gott verbindest, erhöhst du deine Schwingung. Je höher du schwingst, desto mehr kannst du aus den unsichtbaren Welten wahrnehmen, desto mehr wird sich dein Bewußtsein ausdehnen. Dein Verständnis für andere wird wachsen, du siehst die Welt von einer „höheren Warte" aus. Deine Entwicklung wird sich beschleunigen. Vor allem aber wirst du Freude an deiner Entwicklung haben. Der Kampf ist vorbei. Jahrelang hast du einen vielleicht fast aussichtslosen Kampf gekämpft. Laß den Kampf ruhen und komme in den Frieden hinein.Mit Kämpfen erreichst du nichts. Ruhe in Gott, und von dieser wunderbaren Ebene aus wirst du alles erreichen!

Albert Schweitzer hat gesagt:

„Auf die Füße kommt unsere Welt erst wieder, wenn sie sich beibringen läßt, daß ihr Heil nicht in Maßnahmen, sondern in neuen Gesinnungen liegt."

Dieses Buch möchte dir zeigen, wie du durch deine Entwicklung mithelfen kannst, die Erde in ein Paradies zu verwandeln. Hermes Trismegistos hat bereits dreitausend Jahre vor Christus erkannt:

„Wie innen, so außen."

So heile deinen Geist, und du heilst die Welt.

Ich möchte hier die goldene Regel des rechten Denkens von K.O. Schmidt mit dir teilen:

Die goldene Regel des rechten Denkens

Denke Gutes - und von überall kommt Segen zurück.
Denke Liebe - und die Liebe führt dich ins Glück.
Denke Freundschaft - und jeder Mensch hat dich gern.
Denke Freude - und das Leid bleibt dir fern.
Denke Fortschritt - sag' bei allem: Ich kann!
Denke Erfolg - und er geht dir voran!
Aus der Denkrichtung erwächst die Lebensrichtung!

Die Heilung des Planeten Erde muß in uns beginnen, in jedem einzelnen von uns.

Wie viele Menschen regen sich über die Umweltverschmutzung auf. Es werden Organisationen gegründet, die etwas dagegen unternehmen sollen. Da alles im Innen auf der geistigen Ebene beginnt, müssen wir damit beginnen, an unseren mentalen Verschmutzungen zu arbeiten. Wir müssen Muster aufspüren, die uns geistig „verschmutzen", und sie beseitigen. Wie innen, so außen. Nur auf diese Weise werden wir dauerhaft etwas gegen die Umweltverschmutzung erreichen. Die Verwandlung muß immer im Geistigen stattfinden.

Bewußtsein ist kollektiv. Seit Jahrtausenden sind lebensfeindliche Muster aufgebaut worden, unter denen sowohl die Natur als auch die Tiere und wir Menschen leiden. Heute werden wir damit konfrontiert. Jetzt ist die Zeit der Wandlung. Wir haben keine Zeit mehr zu verlieren.Es ist dringend notwendig, daß wir Menschen unsere kosmische Verantwortung erkennen und übernehmen. Wir müssen in ein geistiges Miteinander hineinwachsen und ein kosmisches Bewußtsein entwickeln. Das kann nur dadurch geschehen, indem wir erkennen, daß wir alle eins sind in der göttlichen Liebe. Da wir unsere Mitte verloren haben, haben wir uns immer weiter vom Bewußtsein der Einheit mit der Natur und allen Wesen entfernt.

Für viele Menschen ist die Einheit mit allem, was ist, nur schwer zu verstehen. Das Ego ist in der Welt der Dualität und der Polarität zu Hause. Es will uns in der Individualität und in der Getrenntheit festhalten. Damit stärkt es sein System und hält uns von Gott getrennt.

Jetzt ist die Zeit der Einkehr und Umkehr gekommen.

Hilf auch du mit an der geistigen Verwandlung. Wir alle sind aufgerufen, unseren Beitrag zur planetarischen Veränderung zu leisten. Heile deine innere Welt, denn damit heilst du auch die äußere Welt. Je mehr Menschen sich selbst heilen, desto schneller geht diese positive Energie ins Kollektivbewußtsein ein. Viele Menschen beginnen damit, die Heilkraft des Geistes und das Licht einzusetzen, um die Menschen und den ganzen Planeten zu heilen. So bitte ich auch dich, liebe Leserin, lieber Leser, um Mithilfe. Auch wenn du um dich herum nur Chaos zu sehen scheinst, werde still und wisse, Gott ist das Licht in dir. Du bist das Licht. Sage dir immer wieder:

ICH BIN das Licht.
ICH BIN das Licht.
ICH BIN das Licht.

Dein Licht wird durch diese Übung immer stärker werden und die Dunkelheit erhellen.

Laß uns eine kleine Lichtübung machen.

Zunächst werde ganz still. Tauche ein in dein inneres Sein. Entspanne dich über deinen Atem. Atme ein paar Mal tief ein und aus und komme mit jedem Atemzug mehr und mehr zur Ruhe. Verbinde dich bewußt mit deinem Hohen Selbst. Halte deine Hände mit den Handflächen nach oben, wie Schalen. Stelle dir nun vor, wie aus deiner linken Hand eine rosarote Flamme der Liebe entsteht.

Sei dir bewußt, du bist das Licht. Sende diese Flamme der Liebe nun um die Erde herum, in der Längs-und der Querachse. Hülle die ganze Erde ein in dieses rosa Licht der Liebe. Nun sende dieses rosarote Licht der Liebe zu all den Menschen, die du liebst. Hülle sie ganz in Licht und Liebe ein.

Nun sende das Licht der Liebe zu all den Menschen, mit denen du Probleme hast. Hülle auch sie ganz in das Licht der Liebe ein. Sieh, wie dein Licht das Lichtpotential in ihnen erweckt. Laß nun das rosarote Licht der Liebe in deine rechte Hand zurückkommen. Führe deine beiden Hände über dem Kopf zusammen und laß das Licht der Liebe in deine Aura einfließen. Ein Mantel aus rosa Licht umhüllt dich jetzt.

Lege deine beiden Hände über dein drittes Auge, das in der Mitte deiner Stirn liegt, und laß die Liebe hier einfließen und bitte dein Hohes Selbst, daß nur Gedanken der Liebe in dir sein mögen. Lege deine Hände über dein Halschakra, das in der Mitte deines Halses liegt, und bitte darum, daß du nur Worte der Liebe sprechen mögest. Lege deine Hände über dein Herzchakra, das in der Mitte deiner Brust liegt, und laß die rosarote Flamme der Liebe dein ganzes Sein durchdringen.

Lege deine beiden Hände über deinen Solarplexus und laß

die Flamme der Liebe Harmonie in dein Leben bringen. Lege die Hände über dein zweites Chakra, das in der Mitte deines Unterbauches liegt, und laß die Liebe die Freude in dir entzünden. Lege nun die Hände über dein erstes Chakra, das etwas außerhalb deines Körpers liegt, und laß die Liebe die Kraft in dir verstärken. Gib dann den Rest der rosaroten Flamme der Liebe an die Erde ab.

Spüre, wie diese Übung dich harmonisiert. Wie sie dir Kraft gibt und wisse, daß du ein Lichtbote des Universums bist. Das Licht ist die alles verwandelnde Kraft im Universum. Wenn du regelmäßig mit Licht arbeitest, wird dies dein ganzes Leben verwandeln. Wenn du mit Menschen Probleme hast, grolle ihnen nicht länger, sondern vergib ihnen und sende ihnen das Licht der Liebe, und alles wird sich wandeln. Wenn du in eine schwierige Verhandlung gehst, hülle alle Beteiligten in weißes Christuslicht ein. Das kannst du in Gedanken tun, bevor du den Raum betrittst. Sollte es während der Verhandlung zu Differenzen kommen, rufe im Geiste das Licht herbei, und augenblicklich werden sich die Gemüter wieder beruhigen. Ich habe es schon so oft erlebt, daß es heute für mich zur Selbstverständlichkeit geworden ist. Mache deine eigenen Erfahrungen damit.

Je mehr Menschen mit Licht arbeiten, desto stärker wird das Licht unter den Menschen auf der Erde und im ganzen Universum werden. Wir haben die Entwicklung unseres Planeten in der Hand, jeder einzelne von uns! Die Engel und unsere Geistführer helfen uns bei unserer Arbeit jederzeit, wenn wir sie darum bitten. Es ist ihre Aufgabe, und sie erfüllen sie mit Liebe und Freude. Wenn du ihrer Hilfe bedarfst, rufe sie nur an, sie helfen dir augenblicklich.

„Geliebte Brüder und Schwestern, Friede sei mit euch.

Ich bringe euch den Frieden Gottes und möchte euch an eure Göttlichkeit erinnern. Habt ihr schon einmal über das Wort nachgedacht*: Ich und der Vater sind eins? Viele projizieren dieses Wort ins Außen und auf mich. Ich aber sage euch, ihr alle seid Gott, jeder von euch.*

Bedenke, was das bedeutet: ICH BIN GOTT.

Gott ist der eine Geist der Liebe, der überall anwesend ist. Es gibt keinen Ort und keinen Platz, wo diese Liebe nicht wäre. So ist sie auch in dir, vielleicht noch tief verborgen. Ich bin gekommen, um sie in dir zu erwecken. Geliebtes Kind unseres einen Vaters, erkenne, wer du bist. Verstehe, daß du eins bist mit allem. Alles im Universum ist Schwingung und Energie, durchdrungen vom göttlichen Sein.

Ich ermutige dich, den Gott in dir zu finden. Es gibt einen Ort in dir, wo deine Seele ihrem Gott begegnen kann. Finde diesen Platz in dir und suche ihn auf, so oft es dir möglich ist. Diesen Ort kannst du allerdings nur dann finden, wenn du absolut still wirst. Schau in dich hinein, um dieses Licht und diese Liebe in dir zu finden. Du bist das Licht der Welt. Bist du dir dessen bewußt? Sieh dieses Licht in dir und strahle es aus, zu deinen Brüdern und Schwestern. Sende es zu allen Tieren, allen Pflanzen. Sende es dem Wasser und der Erde, sende es zur Sonne und zur Luft. Dieses Licht wird sich verstärken, wird sich vereinen mit dem Licht anderer Menschen, die in gemeinsamem Bemühen für die Welt arbeiten; wird sich verstärken mit dem Licht, das wir euch aus den hohen geistigen Ebenen senden. So wird sich das Licht mehr und mehr ausbreiten, bis es zu einem riesigen Lichtermeer wird, vor dem sich niemand mehr verschließen kann. Wenn alle Menschen auf der Erde und alle Seelenwesen in den geistigen Reichen dieses Licht und diese Liebe in sich finden, dann sind wir alle wieder in der absoluten Einheit mit Gott.

So rufe ich dich auf und bitte dich, dein Herz zu öffnen und dein Licht mit dem Licht deines Bruders zu verbinden. Zeige jedem Menschen das Christuslicht in dir und bringe somit das Licht in ihm zum Scheinen.

Ich stehe liebend an deiner Seite, bereit, dir zu helfen, wenn du mich rufst.

Wisse, du bist Gott. Diese Kraft des ICH BIN in dir steht dir jederzeit zur Verfügung. Die Weisheit des ICH BIN wird dich lehren und leiten. Die Freude des ICH BIN wird dir Kraft geben. Achte darauf, daß du im Frieden bist. Es kann niemals Frieden werden in der Welt, wenn in dir Kampf und Chaos die vorherrschenden Gefühle sind. Bitte darum, daß du im Frieden leben kannst, wenn du in der Angst gefangen bist. Augenblickliche Hilfe wird dir zuteil.

Ich danke dir für deine Offenheit und Bereitschaft. Ich danke dir für die Liebe, die du aussendest. Ich danke dir für das Licht, das du in die Welt hinausscheinst."

Jesus

So laß dich nicht von Schreckensnachrichten in Ängste verwickeln, sonst erhöhst du das negative Potential des Weltbewußtseins. Denke daran, du bist ein Wunder, und es ist deine Aufgabe, das Licht zu verbreiten. Sei ohne Sorge. Wenn du dich mit deinem Hohen Selbst verbindest, wirst du wissen, was zu tun ist. Da das Licht überall ist, brauchst du nur daran zu denken, und es wird dir augenblicklich zur Verfügung stehen. Wo dein Bewußtsein ist, wird auch die Energie hinfließen.

Wenn du müde oder traurig bist, lade dich mit dem Licht wieder auf.

Stelle dir vor, daß sich über deinem Kopf eine große Sonne aus weißem Christuslicht befindet. Atme dieses Christuslicht durch dein Kronenchakra ein und leite es mit dem Ausatmen durch deinen ganzen Körper. Denke beim Einatmen „Christus“ und beim Ausatmen „Liebe.“ So lade dich mit dem weißen Christuslicht der Liebe auf. Du wirst spüren, wieviel Energie du dadurch erhältst. Ein tiefer Friede wird dich durchströmen.

Werde zu einer riesigen Lichtquelle. Das Licht kannst du jederzeit auch zur Heilung von Beziehungen oder von Krankheiten einsetzen. Es ist das göttliche Licht, das alles heilt. Du kannst dich selbst und andere damit heilen. Das Licht und die göttliche Heilkraft können eine Heilung auf allen Ebenen bewirken, der körperlichen, der seelischen, der geistigen und der emotionalen Ebene.

Ich bilde seit Jahren Geistheiler aus, und ich freue mich immer wieder über die wunderbaren Heilungen, die durch sie geschehen dürfen. Das spirituelle Zeitalter verlangt geistige Heilweisen. Es wäre schön, wenn die Schulmedizin und die Naturheilkunde mit der geistigen Heilung zusammenarbeiten könnten, zum Wohle aller Menschen. Im Gegensatz zur Medizin, die sich um die Krankheit der Menschen kümmert, beschäftigt sich die geistige Heilung mit dem Heilwerden des Menschen.

Wie du ja inzwischen weißt, liebe Leserin, lieber Leser, entsteht Krankheit durch die gedankliche Trennung von Gott. Heilung bedeutet Einswerdung mit Gott, dem Schöpfer allen Seins.

Die Liebe und die Freude sind die besten Heilmittel, die es gibt. Je mehr wir uns spirituell entwickeln, desto weniger werden wir uns mit unserem Körper identifizieren. Wir haben einen Körper, aber wir sind nicht der Körper. Der Körper ist der Tempel, in dem der göttliche Geist sich ausdrücken möchte. Es ist schon wichtig, auf den Körper zu achten, ihn respektvoll zu behandeln. Wichtig ist auch, daß wir ihn rein von Gift - und Schadstoffen halten, damit er unserem Geist jederzeit dienen kann. Der Körper ist auch der Spiegel der Seele. Er zeigt uns, welche Aspekte wir auf der Seelenebene nicht leben können und weist uns daraufhin, wo wir in unserem Leben eine Kurskorrektur vornehmen sollten.

Fehlt es dir an Energie, so frage dich einmal, wie es mit deiner Lebensfreude aussieht. Wenn du keine Lebensfreude hast, blockierst du dein zweites Chakra. Wenn dieses nicht genug Energie hat, arbeiten alle Organe, die dahinter liegen, nicht richtig. So kann es sein, wenn dein Darm, deine Blase, dein Unterleib oder auch deine Beine dir Schwierigkeiten machen, du dafür sorgen mußt, daß mehr Freude in dein Leben einkehrt. Wenn dein Geist voller Freude und Liebe ist, haben auch deine Chakren genügend Energie und schwingen gleichmäßig.

Denke immer daran, daß du dir selbst, mit deinem Geist, deine Realität erschaffst. Du bist ein strahlendes göttliches Wesen. Glaube daran! Halte dein Bewußtsein auf deine strahlende Gesundheit gerichtet. Sage dir:

ICH BIN strahlende Gesundheit.
ICH BIN strahlende Gesundheit.
ICH BIN strahlende Gesundheit.

Sollte dies im Augenblick nicht der Fall sein, so bitte Gott, dir zu helfen, strahlende Gesundheit auszudrücken.

Wenn wir Menschen in der Lage sind, unser kosmisches Bewußtsein, das wir einst gehabt haben, wieder zu entwickeln, wird sich die Welt verändern. Dann werden wir wieder in die Allverbundenheit hineinkommen, und das Bewußtsein der Trennung wird der Vergangenheit angehören. Bis dahin ist es noch ein weiter Weg, aber du kannst mithelfen, das Weltbewußtsein zu entwickeln. Fange bei der selbst an. Verbinde dich mit deinem innersten Wesenskern, der alle Liebe, Weisheit und Kraft des gesamten Universums enthält. Du bist eine hoch entwikkelte spirituelle Seele, auch wenn du es vergessen hast. Finde den Weg zurück. Entwickle dein spirituelles Selbst. Spüre in dir die Einheit mit dem Kosmos.Vielleicht befindest du dich gerade in einem tiefen Konflikt zwischen dem spirituellen Sehnen deiner Seele und deinem Ego, das dich in Angst und Getrenntheit festhalten will, um sein System zu stärken. Das Ego weiß nicht, was Liebe ist. Es ist wie ein kleines Kind, das Angst hat. Nimm es an die Hand und gehe den Weg mit ihm gemeinsam. Bitte den Christus in dir, dir zu helfen.

Entfalte dein göttliches Potential und lebe es. Dann kommst du heraus aus dem sinnlosen Kampf, bei dem du nur unnütz deine Energien verschwendest.

Tief in deiner Seele spürst du, daß es noch mehr gibt als dein physisches Sein. Deine Seele sehnt sich nach göttlichem Ausdruck, sie weiß um ihre Göttlichkeit und mahnt dich leise aber unaufhörlich, heimzukehren in dein wahres Sein. Aber die innere Stimme ist sehr leise und wird oft in der Geschäftigkeit der Außenwelt überhört. Doch die leise Stimme ruft dich beständig. Wenn du auf dein Hohes Selbst hörst, wirst du mehr und mehr in die Liebe hineinkommen. Auf diese Weise wirst du nach und nach deine Ängste verlieren. In deinem Hohen Selbst gibt es keine Angst, dort sind Frieden, Harmonie und Liebe zu Hause.

Halte deinen Blick nicht auf deine Fehler und Schwächen gerichtet, sondern auf deine Spiritualität. Auch wenn du das

Licht in deiner Seele oft nicht sehen kannst, so ist es trotzdem da und wartet darauf, daß du es zum Ausdruck bringst.

Halte einen Augenblick inne und erblicke tief in dir ein strahlendes, helles, goldenes Licht. Es ist das Christuslicht in dir. Sieh, wie es sich mehr und mehr ausdehnt. Schicke es nun durch deinen ganzen Körper. Erfülle dein ganzes Sein mit diesem Licht. Achte darauf, wo es nicht hinfließen will, wo vielleicht eine Blockade ist. Sei dir bewußt, daß es sich um das heilende Christuslicht handelt. Fülle deinen ganzen Körper damit an, bis in die kleinste Zelle. Wenn eine Stelle dort der Heilung bedarf, so sende besonders viel Licht hin. Spüre, wie das göttliche Heilungslicht alle Spannungen und Stauungen in dir aufhebt. Sende dieses Licht hinaus in die Welt. Stelle dir vor, wie aus deinen Händen, Scheinwerfern gleich, das göttliche Heilungslicht um die Welt fließt. Du kannst es auch zu Menschen schicken, von denen du weißt, daß sie der Heilung bedürfen. Folge einfach deiner göttlichen Führung. Sie weiß, wo das Licht gebraucht wird.

Diese Übung kannst du jederzeit wiederholen. Je öfter du sie machst, desto besser wird sie dir gelingen. Denke nicht, wenn du das Licht nicht sehen kannst, wäre die Übung wertlos. Dort, wo dein Bewußtsein ist, fließt die Energie hin. Nach dieser Übung wirst du voller Energie sein. Es wäre gut, wenn du den Tag so beginnen würdest. Sage dann dreimal hintereinander:

ICH BIN Liebe. ICH BIN Liebe. ICH BIN Liebe.

ICH BIN Freude. ICH BIN Freude. ICH BIN Freude.

ICH BIN Kraft. ICH BIN Kraft. ICH BIN Kraft.

Fühle die Liebe , die Freude und die Kraft in dir. Es nützt nichts, die Worte nur vom Kopf her zu sagen. Es ist wichtig, daß wir diese Gefühle der Liebe, Freude und Kraft in uns auch wirklich fühlen.Du wirst erfreut sein über die neue Erfahrung: Jeder Tag, den du so begonnen hast, wird ein wundervoller Tag sein. Beginnt dein Tag auf diese Weise, wirst du nicht von einer Aktivität zur nächsten hetzen, sondern aus deiner Mitte heraus die Kraft finden, alles, was getan werden muß, in Ruhe zu erledigen. Du wirst voll im gegenwärtigen Augenblick leben. Du wirst mit dem Strom deines Lebens fließen und dich nicht gegen ihn stemmen. Auch wenn du viel zu tun hast, erledige alles in Ruhe und mit Freude. Setze Prioritäten und versuche, nicht alles gleichzeitig zu erledigen. Du wirst staunen. Der Streß wird abnehmen.

Wenn du dich entschlossen hast, den Weg des Lichts zu gehen, solltest du dir täglich etwas Zeit reservieren, die du deiner spirituellen Entwicklung widmest. Lichtboten arbeiten regelmäßig an ihrem Bewußtsein und für das Weltbewußtsein. Manche ganz in der Stille, andere, indem sie eine Lehrtätigkeit ausüben. Aber jede Entwicklung fängt bei dir selbst an.

Auch ich arbeite täglich an meiner Entwicklung und an der Entwicklung des Weltbewußtseins. Es macht mir sehr viel Freude zu sehen, wie weltweit mehr und mehr mit Licht gearbeitet wird.

Manche Menschen haben Angst, wenn sie sich auf den spirituellen Weg begeben, daß sie dann der Materie entsagen müßten. Es geht nicht darum, alle weltlichen Güter aufzugeben, dann wäre unser Leben sehr freudlos und einseitig. Es geht nur darum, nicht in der Materie verhaftet zu sein. Gott ist Fülle, die er mit dir teilen möchte. So ist es notwendig, daß wir in allen Dingen, die die äußere Welt betreffen, unserem Hohen Selbst die Führung überlassen. So können wir immer und überall in unserem göttlichen Bewußtsein verankert sein. Je mehr wir der Führung des Hohen Selbst vertrauen, desto sicherer werden wir. Unser Problem ist allerdings, daß wir glauben, wir müßten stets alles unter Kontrolle haben. Manche Menschen sagen zwar: „*Herr dein Wille geschehe*“, versuchen dann aber, den Willen Gottes zu kontrollieren oder Gott dazu zu veranlassen, es doch so zu machen, wie sie es gerne hätten und das möglichst sofort.

Bei vielen Menschen ist die Intuition gut ausgebildet, das heißt, sie wissen intuitiv, was zu tun ist. Aber dann machen sie mit ihrem Intellekt, ihrem Ego, ihre Intuition zunichte. Ich glaube, jeder von uns kennt den Satz: „Hätte ich nur auf meine innere Stimme gehört, wäre mir dieses Mißgeschick nicht passiert.“

Das Problem ist, daß wir uns selbst nicht vertrauen. Wir müssen es erst wieder lernen, auf unsere Intuition zu hören. Oft erkennen wir genau, was zu tun ist, vertrauen aber anderen Menschen mehr als unserem eigenen Wissen. Wir verlagern das Wissen lieber nach außen als nach innen.

Hermann Hesse hat es in Siddhartha einmal so treffend gesagt:

„Wir finden Tröstungen, wir finden Betäubungen, wir lernen Kunstfertigkeiten, mit denen wir uns täuschen. Das Wesentliche aber, den Weg der Wege, finden wir nicht.“

Damit du den für dich richtigen Weg finden kannst, suche die dynamische Kraft in deinem Innern und handle aus ihr heraus. Gestalte dein Leben so, wie du es leben möchtest. Du bist nicht das Opfer deiner Erziehung, der Gesellschaft oder äußerer Umstände. Beginne gleich jetzt damit, dein Leben so zu gestalten, wie du es haben möchtest. Werde kreativ. Setze deine ICH BIN KRAFT, die Gotteskraft in dir, ein. Lege deine Selbstzweifel und Ängste ab und werde zum Schöpfer deines Lebens. Du bist vollkommenes göttliches Sein. Lebe es!

Hebe die Begrenzungen auf, die du dir selbst geschaffen hast. Alles ist dir möglich. Glaube es, und handle danach. Greife nach den Sternen. Mit Gottes Hilfe wirst du sie erreichen. Der göttliche Geist ist in dir und wird sich durch dich manifestieren, wenn du bereit bist, es zuzulassen.

In unserem neuen, dem spirituellen Zeitalter, müssen wir alle umdenken lernen, nämlich: Mehr auf unser inneres Wissen zu hören als auf unseren Intellekt. Wir werden mit unseren beiden Gehirnhälften agieren müssen. Je mehr wir uns auf unser inneres Wissen besinnen, desto weniger Schwierigkeiten werden wir haben. Das Wissen kommt aus unserer göttlichen Quelle, der Intellekt ist der ausführende Teil. Wenn wir verstehen, daß wir alles Wissen und alle Weisheit in uns haben, brauchen wir uns nur an dieses Wissen anschließen, um zu jeder Zeit die für uns richtigen Entscheidungen zu treffen. Die Meditation ist eine gute und hilfreiche Möglichkeit, um an dieses innere Wissen heranzukommen. Du bist höchstes Wissen, alles ist in dir. Sage dir:

ICH BIN göttliches Wissen.
ICH BIN göttliches Wissen.
ICH BIN göttliches Wissen.

Laß keinen Zweifel zu. Vertraue deinem Wissen. Öffne dich dem Wissen in dir, das in deinem Hohen Selbst, in deinem ICH BIN ist.

Deine Geistführer können dir jederzeit helfen, wenn du Entscheidungsschwierigkeiten hast. Sie sind Gottes Boten und sehen alles von einer höheren Warte aus. Für manche Menschen ist es schwer, innerlich zur Ruhe zu kommen und auf die Stimme des Hohen Selbst oder die Stimme des Geistführers zu hören. Es bedarf der Übung und der kontinuierlichen Hinwendung.

Unsere Geistführer sind hoch entwickelte spirituelle Geistwesen, die in ihrem Geist oder Seelenkörper leben. Sie sind uns von Gott zur Seite gestellt, um unser spirituelles Wachstum zu fördern. Sie sind unsere Freunde, die uns liebend zur Seite stehen. Sie helfen uns aber auch ganz praktisch, im Alltag. Sie werden allerdings nie in unseren freien Willen eingreifen, wir müssen uns ihnen zuwenden und sie um Hilfe bitten.

Da ich seit vielen Jahren als Medium arbeite, sind schon viele Menschen bei mir gewesen, die bei der geistigen Welt Rat und Hilfe gesucht haben. Ich bin sehr dankbar, daß ich als Mittlerin zwischen unserer materiellen Welt und der geistigen Welt dienen darf. Ich weiß aus Erfahrung, wie vielen Menschen Meister Eckhart schon geholfen hat. Auch ich erfahre seine Hilfe täglich und bin voller Dankbarkeit dafür. Gerade gestern rief mich eine Dame an, die schon öfter mit Eckhart gesprochen hat. Sie sagte: „ Heute habe ich keine Katastrophenmeldung. Alles ist gut ausgegangen. Eckhart hat Recht gehabt mit dem, was er gesagt hat.“ Ich freue mich immer sehr über solche Rückmeldungen. Ich selbst habe absolutes Vertrauen in Meister Eckhart. Er hat mir über so viele Jahre bewiesen, daß er die Dinge aus einer viel höheren Warte sieht und somit einen besseren Überblick hat als wir Menschen. Mein Leben ist dadurch um vieles leichter geworden und vor allen viel freudiger. Ich kann wirklich sagen, daß ich ein erfülltes freudiges Leben in Freude und Harmonie lebe.

Obwohl ich seit vielen Jahren das Seminar *Kontakt mit deinem Geistführer* gebe, berührt es mich jedes Mal tief, und es erfüllt mich mit Freude und Dankbarkeit, wenn Menschen ihren Geistführer kennenlernen und ich die Veränderungen sehen kann, die Menschen dadurch in ihrem Leben erfahren.

Da ich viele Vorträge im In-und Ausland halte, werde ich oft gefragt, wie man denn die „Stimmen“ von den eigenen Gedanken unterscheiden kann. Die innere Stimme ist ja, wie du weißt, keine laute Stimme, sondern das gedankenfließende Wort. Hierauf gibt es leider keine allgemein gültige Antwort. Wenn du nicht weißt, woher die innere Anweisung oder deine Intuition kommt, so fühle dich in die Situation hinein. Schließe dazu deine Augen und erlebe dich in der Situation. Entspanne dich. Stelle dir alles ganz genau vor. Wie fühlt sie sich für dich an? Gibt es irgendeinen Druck in dir? Achte dabei auf das Gefühl in deinem Körper und in deiner Seele. Oder fühlt sich die Situation gut für dich an? Vertraue deinen Gefühlen, aber nimm dir Zeit für dieses Erleben. Wenn du ein ungutes Gefühl bei der Sache hast, solltest du erneut um Führung bitten.

Durch diese Übung lernst du, deiner eigenen Intuition zu vertrauen und mehr aus deiner rechten Gehirnhälfte heraus zu entscheiden. Mit der Zeit wirst du merken, daß dein Leben viel lebendiger und freudiger wird. Je mehr du zu dir selbst erwachst und deiner eigene Wahrheit folgst, desto schöner wird dein Leben werden.

Wenn du damit beginnst, auf die Stimme deines Geistführers oder deines Hohen Selbst zu hören, kann es passieren, daß deine Egostimme sofort scheinbar ganz logische Gegenargumente bereithält, um dich davon abzubringen.

Ich möchte hier ein typisches Beispiel dafür mit dir teilen. Um Ostern herum war ich auf Mallorca, um an diesem Buch zu arbeiten. Eine Freundin von mir war zur gleichen Zeit auf der Insel. Sie hatte mir ein Fax gesandt, daß sie an einem bestimmten Tag jemanden zum Flughafen bringen wollte und mich von dort anrufen würde, damit wir uns treffen könnten. Ich hatte mir die Zeit in etwa ausgerechnet, wann sie mich anrufen würde. Es kam aber kein Anruf. Da sie sehr zuverlässig ist, fragte ich meinen Geistführer, warum sie nicht anruft. Er sagte mir, sie sei in einem Kaufhaus gewesen und würde jetzt in einem Fischrestaurant auf mich warten. Das Kaufhaus erschien mir „logisch“. Das mit dem Fischrestaurant nicht. Hatte sie mir doch geschrieben, daß sie mich vom Flughafen aus anrufen würde. Als sie mich am nächsten Tag erreichte, stellte sich heraus, daß es sich genauso zugetragen hatte. Sie war zuerst ins Kaufhaus gegangen und hatte dann im Fischrestaurant am Hafen auf mich gewartet. Ihr seht an diesem kleinen Beispiel, wie logisch die Argumente des Egos sein können. Hätte ich auf die Botschaft meines Geistführers gehört, hätten wir uns nicht verpaßt.

Wie sieht es mit deiner Intuition aus? Hörst du auf die leise innere Stimme? Oder verläßt du dich mehr auf deine Ratio? Die Menschen des spirituellen Zeitalters werden es lernen, ihrer inneren Führung zu vertrauen. Sie werden stets zur rechten Zeit am richtigen Ort sein. Sie werden offen sein für die wundervollen Begegnungen mit neuen Menschen. Sie werden sich öffnen für die Zeichen, die das Universum ihnen gibt. Öffne dein Herz für die vielen neuen Möglichkeiten, die sich dir bieten. Auch wenn du deine verschiedenen Facetten der Kreativität noch nicht sehen kannst, sei offen, sie zu entdecken. Du wirst erstaunt sein, was alles in dir schlummert.

Die geistige Welt möchte uns helfen, unser Leben schöner, lebendiger und farbiger zu gestalten. In jedem von uns schlummern viele Talente, die es zu entdecken gilt. So vertraue dir und beginne nach deinen verborgenen Talenten Ausschau zu halten.

Vielleicht wolltest du schon immer gerne malen, hast aber zu viel Angst, daß deine Bilder nicht „perfekt“ sein würden. Alles

Perfekte kommt aus dem Kopf und wird von der linken Gehirnhälfte gesteuert. Alles Künstlerische kommt aus der Seele und findet Ausdruck durch die rechte Gehirnhälfte. Alle großen Künstler handeln und schaffen aus ihrer kreativen Gehirnhälfte heraus. Auch in dir liegen tief verborgen Talente, die du wecken solltest. Du hast viel mehr mit der Welt zu teilen, als du ahnst. Gott gab dir diese Talente. Warum willst du sie brach liegen lassen? Also zögere nicht. Beginne gleich jetzt damit, sie auszugraben!.

Auch ich hätte niemals daran geglaubt, daß ich einmal malen würde. Mein Geistführer hat dieses Talent in mir geweckt. Eines Tages sagte er zu mir: „Fahre nach Dortmund zur *Kreativa*.“ Ich wußte zwar, daß das eine künstlerische Messe ist, aber ich wußte nicht, was ich dort sollte. So wollte ich zuerst nicht. Schließlich machte ich mich doch auf den Weg. Ich ging durch alle Gänge und schaute mir alles an, wußte aber immer noch nicht, was ich dort sollte. Ich wollte gerade wieder gehen, da sagte Eckhart: „Einen Gang hast du übersehen, du solltest dort auch hingehen.“ So tat ich, wie ich geheißen wurde. Ein Kunstmaler aus Wales zeigte gerade eine 3000 Jahre alte Wachstechnik. Diese Technik kannte man bereits im alten Ägypten. Man malte auf die Mumien Wachsbilder, damit die Seelen im jenseitigen Reich schöne Bilder vor Augen hatten.

Diese Wachsmalerei faszinierte mich.Ich kaufte das Material und begann gleich zu Hause mit der Malerei. Mit der Zeit wurden die Bilder immer schöner. Nachdem ich die Technik richtig beherrschte, begann ich spirituelle Bilder zu malen.

Da durch meine Seminare viele Menschen zu mir kommen und die Bilder sehen, wurde ich gebeten, doch ein Seminar zu diesem Thema zu geben. Zuerst hatte ich große Zweifel, aber dann vertraute ich meiner geistigen Führung. Ich habe das Seminar bereits ein paar Mal gegeben, und jeder Teilnehmer war voller Freude dabei. Es entstanden wunderschöne farbige Bilder - der Ausdruck der schöpferischen Kraft, die in jedem von uns geschlummert hatte. Wir alle spürten die kosmische Energie, die durch uns in die Bilder floß.

So sind in meinem Leben schon viele wunderbare Dinge geschehen, die ich mir niemals hätte träumen lassen.

Auch hätte ich mir nie zugetraut, jemals ein Buch schreiben zu können. Den Auftrag dazu bekam ich von der geistigen Welt, habe aber lange gezögert, damit zu beginnen. Eckhart hat mich immer wieder gebeten und mich schließlich von der Wichtigkeit überzeugt. Das ist nun schon mein drittes Buch, und es macht mir sehr viel Freude, dieses Buch für dich, liebe Leserin und lieber Leser, zu schreiben. Mir wurde dabei sehr viel Hilfe aus dem Universum und von meinem Geistführer zuteil.

Auch dir wird es so ergehen, wenn du dich zu deinen Talenten bekennst und dich der Hilfe der geistigen Welt öffnest. Es bedarf nur einer kleinen Bereitschaft. So öffne dein Herz für die höheren Dimensionen. Es gibt keine Trennung, in Wahrheit ist alles eins.

Also mache dich auf, laß deine alten Glaubensmuster hinter dir. Du kannst alles erreichen, was du möchtest. Laß die kreativen Kräfte zu, die sich durch dich ausdrücken möchten, und sage nicht: „Ich kann nicht." Dieses Muster begrenzt dich nach allen Seiten. Baue es ab.

Probiere es einfach aus, unbefangen wie ein Kind, voller Freude und Lebendigkeit. Ein Kind, das laufen lernt, fällt auch ab und zu hin. Es steht wieder auf und versucht es erneut. Nur wir Erwachsenen fangen oft erst gar nicht an, weil wir glauben, alles gleich perfekt können zu müssen. So begrenzen wir uns und unsere schöpferischen Kräfte.

Werde dir darüber klar, welche alten Glaubensmuster dich einschränken. Nimm dir die Zeit, alle alten, dich begrenzenden Muster aufzuschreiben. Von wem hast du sie übernommen? Von deinen Eltern, Lehrern oder der Gesellschaft? Schreibe sie alle auf, damit du dir darüber klar wirst. Dabei wirst du feststellen, daß die meisten davon gar nicht zu dir gehören, sondern zu deinen frühen Bezugspersonen. Wenn du dir darüber klar geworden bist, laß sie in Liebe gehen. Verurteile niemanden, sondern erkenne, daß es sich um alte, überlieferte Glaubensmuster handelt, die schon deine Eltern oder Bezugspersonen von früheren Generationen übernommen haben. Du aber arbeitest an deinem Bewußtsein und kannst diese alten Muster hinter dir lassen. Es ist ein Läuterungsprozeß, der dich aus der Abhängigkeit herausführen wird. Wenn du alles Alte losläßt, wirst du frei und unabhängig leben können. Jede Form von Abhängigkeit ist nur ein Hindernis auf deinem spirituellen Weg. Dabei ist es egal, ob es sich um die Abhängigkeit von bestimmten Menschen oder um Abhängigkeit von bestimmten Substanzen, also stoffliche Süchte, handelt.

Das Loslassen wird dich frei machen. Du braucht weder bestimmte Substanzen noch andere Menschen, um vollkommen zu sein, denn du bist bereits vollkommen. Mach dir das bitte immer wieder bewußt. Lebe deine Vollkommenheit. Wenn du diese alten Muster der Vergangenheit losläßt, können alle deine Energien wieder frei und ungehindert fließen.

Schließe einen Moment deine Augen und entspanne dich. Atme ein paar Mal tief ein und wieder aus und komme mit jedem Atemzug mehr und mehr zur Ruhe. Laß die Außenwelt völlig los. Konzentriere dich ganz auf deinen Atem. Dann gehe an einen Fluß hinunter. Setze dich eine Weile am Ufer des Flusses nieder und beobachte das Fließen des Wassers. Beruhige alle deine Emotionen, komme ganz zur Ruhe. Übergib nun dem Fluß alle alten Verhaltensmuster,die dich begrenzen.Sieh, wie sie mit dem Fluß wegfließen. Spüre, wie du dich leichter fühlst mit jedem Muster, das du dem Fluß anvertraust. Laß alles in Liebe los. Nimm dir Zeit dafür. Niemand stört dich, niemand drängt dich. Befreie dich von allen alten Verhaltensweisen, die dich belasten. Fühle, wie die Energien in dir frei zu fließen beginnen. Komme dann wieder zurück, und du wirst merken, wie leicht und frei du dich fühlst. Atme einige Male tief ein und aus. Du bist wieder ganz im Hier und Jetzt.

Nun werde kreativ. Tue all die Dinge, für die du dich schon immer interessiert hast. Nimm dein inneres Kind, deinen kreativen Wesensanteil, zu Hilfe. Bitte dein inneres Kind, dir zu sagen, was es gern tun möchte. Es ist sicher etwas, was Spaß macht. Dein inneres Kind ist unendlich kreativ. Nimm es in die Arme und frage es, woran es Freude haben würde. Dann führe die Idee aus, und du wirst sehen, es wird dir gelingen. Je intensiver du die Beziehung zu deinem inneren Kind aufbaust, desto mehr Freude wird in dein Leben fließen. Bittte dein inneres Kind zum Beispiel, ein Bild zu malen. Laß es die Farben auswählen und drauflosmalen. Du kannst dabei Musik hören, die dir gefällt. Achte darauf, daß es dem Kind wirklich Freude macht. Achte auf die Gefühle deines inneren Kindes.

Wenn du es schon sehr lange allein gelassen hast, muß es erst wieder Vertrauen zu dir fassen. Laß ihm Zeit und achte seine Gefühle. In meinem Buch *Finde die Liebe in Dir* gibt es ein Kapitel zur Heilung des inneren Kindes. Hier geht es nur darum, deine Kreativität zu wecken.

Vielleicht wolltest du schon immer gerne schreiben und hast

es dir nicht zugetraut. Jetzt ist der richtige Moment, damit zu beginnen. Vielleicht kannst du bei mir ein Seminar über kreatives Schreiben besuchen. Ich biete es immer wieder an. Vielleicht sogar auf Mallorca. Dort werde ich sehr zum Schreiben inspiriert, die Sonne und das Meer bringen die Energien in mir zum Fließen.

Oder wolltest du schon immer gern Musik machen? Zögere nicht, beginne gleich jetzt damit. Du kannst alles erreichen, wenn du es wirklich willst. Bitte dein Hohes Selbst oder deinen Geistführer, dich zu einem geeigneten Lehrer zu führen, und sei offen für die Zeichen, die dir gegeben werden.

Achte auf deine Gefühle, auch wenn du das nicht mehr gewohnt bist. Dein inneres Kind macht sich in erster Linie über deine Gefühle bemerkbar. Vielleicht bist du jahrelang vor deinen Gefühlen davongelaufen. Oder hast sie mit Essen, Arbeit, Fernsehen oder einem anderen Suchtmittel abgetötet. Habe einfach ein bißchen Mut. Dein inneres Kind bringt die Gefühle wieder zum Vorschein, wenn es merkt, daß du die Verantwortung für seine Gefühle wieder übernehmen willst. Wenn du deine in der Vergangenheit erschaffenen Gefühlsblockaden aus der Vergangenheit erst einmal aufgehoben hast, wirst du merken, wieviel lebendiger und kreativer du bist. Glaub mir, es lohnt sich. Dein inneres Kind ist für die Freude in deinem Leben zuständig. Ignorierst du es, so ist es einsam und traurig, und du bist nicht in der Lage, Freude zu empfinden. Integrierst du aber dein inneres Kind in dein Leben, wirst du mit ihm gemeinsam viel Spaß haben, ja, du wirst vor Lebensfreude geradezu sprühen. Aus der Freude wächst die Kreativität.

Wie sieht es in deinem Leben aus? Bist du voller Lebensfreude oder quälst du dich mühsam durch dein Leben? Ziehe einmal ehrlich Bilanz. Übst du den Beruf aus, der deine Berufung ist und der dich wirklich befriedigt? Oder bist du unzufrieden? Übst du deinen Beruf nur aus, um Geld zu verdienen? Wenn das so ist, woran liegt es? Du bist der Meister deines Lebens! Ändere dein Leben, wenn es dir nicht gefällt. Verstekke dich nicht hinter alt- hergebrachten Konventionen. Sage nicht: „Ich möchte ja gerne, aber mein Mann, meine Kinder..." Oder „Ich habe kein Geld", oder „ich bin zu alt." Das alles sind Ausreden, hinter denen sich viele Menschen verschanzen, weil sie nicht bereit sind, die Verantwortung für sich zu übernehmen. Auf diese Weise geben wir das Steuer unseres Lebens an andere Menschen ab.

Die scheinbaren Gründe, warum wir nicht in der Lange sind, unser Leben erfolgreich zu verändern, sind mannigfaltig. In Wahrheit müßte es heißen: „Ich habe Angst, mir fehlt die Antriebskraft, mir fehlt der Mut." Werde dir klar, wovor du Angst hast. Verstecke dich nicht hinter deinen Lebensumständen, der Wirtschaftslage oder deiner Familie. Es sind deine Ängste. Nur du bist für dein Leben verantwortlich, es sind nicht die äußeren Umstände. Wir kommen auf unserem Entwicklungsweg nicht weiter, wenn wir nicht bereit sind, die Verantwortung für unser Leben zu übernehmen. Vielleicht hast du dich bis jetzt danach gerichtet, was andere Menschen dir vorgeschrieben haben. Jetzt ist der Zeitpunkt gekommen, dein Leben zu verändern, wenn du es willst. Bist du bereit zur Veränderung? Es kostet am Anfang ein wenig Mut, wenn du damit beginnst, die Verantwortung für dein Leben und für deine Gefühle zu übernehmen. Probiere es aus. Du wirst überrascht sein, wie viele Möglichkeiten es für dich gibt und wieviel Freude es dir macht. Vielleicht glaubst du, dazu schon zu alt zu sein? Auch diese Begründung sollte dich nicht davon abhalten, dein Leben neu auszurichten. Ich kenne viele wunderbare ältere Menschen, die sehr aktiv und voller Freude und Lebendigkeit sind. Es ist keine Frage des Alters, sondern eine Frage der Einstellung, eine Frage der Motivation.

Bevor wir in die Liebe und in die Freude hineinkommen, ist es notwendig, an unseren inneren Fesseln zu arbeiten. Es ist hilfreich, sie zu sprengen und abzulegen. Nur so können wir wie „der Phönix aus der Asche steigen." Wenn du dich selbst in einem Gefängnis eingesperrt hast, befreie dich daraus. Verlaß die Pseudosicherheit deiner eigenen Begründungen, deren Sklave du möglicherweise geworden bist. Jetzt ist der Zeitpunkt, dein Leben zu verändern. Bewerte deine alten Muster nicht. Schaue sie nur liebevoll an, und dann laß sie los. Heiße das Glück in dir willkommen. Laß es nicht an dir vorbeigehen.

Wir alle müssen ständig an unserem Bewußtsein arbeiten. Je mehr wir uns so, wie wir sind, annehmen können, desto mehr werden wir das in uns wohnende schöpferische Potential verwirklichen können.

Manche Menschen sind nicht in der Lage, Freude zu empfinden, weil sie einen ständigen Abwehrkampf gegen sich, andere Menschen und äußere Umstände führen. Viele Menschen glauben, daß alles und jeder gegen sie sei. Mit diesem Glaubensmuster wird ihr Leben nur Kampf, aber niemals Freude sein. Hier gilt es zunächst, den Widerstand aufzugeben.

Wieviel Lebensfreude du hast, hängt in erster Linie davon ab, wie hoch dein Bewußtseinsniveau ist. Je höher der Grad deiner Bewußtheit ist, desto mehr Freude kann in dein Leben fließen. Gott ist Freude, und Liebe und Freude sind eins, untrennbar miteinander verbunden. So laß es zum Ziel deines Lebens werden, voller Freude und Liebe zu sein. Beginne gleich jetzt damit, die Liebe und die Freude in dein Leben einzuladen.

Sage dir, solange bis du es im Herzen spürst:

ICH BIN FREUDE, ICH BIN LIEBE.

Lege alle lebensverneinenden Muster ab. Laß alle nutzlosen Grübeleien hinter dir. Höre auf, dir ständig Sorgen zu machen. Sie sind destruktiv und rauben dir nur unnötig Energie. Es gibt nichts zu fürcheten! Nimm dir immer wieder die Zeit, deine Gedanken zu beobachten. Wenn du dich bei einem negativen Gedanken ertappst, verurteile dich nicht, sondern laß ihn los und ersetze ihn durch einen positiven. Laß alle destruktiven Verhaltensmuster los. Werde wachsam für deine Gedanken. Du bist, was du denkst!

Achte auch auf deine Gefühle. Achte deine Gefühle und verdränge sie nicht, sondern laß sie zu. Wann warst du zum letzten Mal wütend? Kannst du diese Wut zulassen, oder unterdrückst du sie? Vielleicht glaubst du auch, wenn du deine wahren Gefühle zeigst, daß deine Mitmenschen dich nicht lieben. Hat man dir als Kind beigebracht, daß man seine Gefühle nicht zeigt? Oder hast du gar Angst, „dein Gesicht zu verlieren“, wenn du das ausdrückst, was du wirklich fühlst? Das ist ein weit verbreites Muster der Angst.

Wenn wir nicht den Mut aufbringen, unsere innersten Gefühle zu leben, trennen wir uns immer mehr von ihnen ab. Oder fühlst du dich schuldig, wenn du deinen Ärger ausagierst? Dabei kommen wir wieder an unsere Urangst heran: Nicht geliebt zu werden, und nicht gut genug zu sein. Willst du dein Leben verändern, werde dir über deine Gefühle oder über deine Gefühlsblockaden klar. Kannst du generell deine Gefühle nicht zulassen oder nur bei bestimmten Menschen, die dir viel bedeuten? Bitte Gott um Hilfe. Bitte ihn, dir zu helfen, deine Gefühle zulassen zu können und dich trotzdem sicher und geborgen zu fühlen.

Vielleicht brauchst du auch die professionelle Hilfe eines Therapeuten dazu. Manchmal hilft auch eine Rückführung weiter, denn viele unserer gefühlsmäßigen Blockaden kommen aus anderen Leben. Wenn du in einem früheren Leben bestraft wurdest, weil du deinen Gefühlen und Emotionen allzusehr nachgegeben hast, so hat dein Emotionalkörper gespeichert: „Gefühle zeigen bedeutet Gefahr." Und dann mühst du dich in diesem Leben solange vergeblich, deine Gefühle zu zeigen, bis du deinen Emotionalkörper geklärt hast. Als Rückführungstherapeutin habe ich so etwas schon öfter erlebt. In meinem Buch *Der Weg der unsterblichen Seele* habe ich dieses Thema ausführlich behandelt.

Finde deine Mitte und ruhe in Gott.

Im Wassermannzeitalter wird es immer mehr Menschen geben, in denen die Sehnsucht erwacht, Kanal für die göttliche Kraft zu werden. Sei es, daß sie sich zur geistigen Heilung hingezogen fühlen oder Botschaften aus den höheren Lichtdimensionen übermitteln. Mehr und mehr Menschen möchten zu Lichtboten und Lichtträgern werden, um auf diese Weise mitzuhelfen, die Welt in eine höhere Schwingung zu bringen. Die wichtigste Voraussetzung dafür ist, daß die Heiler an ihrem eigenen Bewußtsein arbeiten. Fühlst auch du dich aufgefordert, mitzuhelfen? Möchtest du lernen, geistig zu heilen? Oder möchtest du täglich während deiner Meditation oder auch während des Tages Licht aussenden?

Die wichtigste Voraussetzung dafür ist, daß du bereit bist, den Weg des Lichtes und der Liebe zu gehen. Dein eigenes Leben sollte voller Freude und Frieden sein. Lerne, dich mehr und mehr mit deinem Hohen Selbst zu verbinden, um unter seiner Anleitung dort zu helfen, wo es im kosmischen Sinn angebracht ist. Wenn du geistig heilen möchtest, solltest du es richtig erlernen. Wenn es dich interessiert, kannst du mich gerne anrufen.

Die Motivation zum Heilen sollte Liebe und Mitgefühl sein. Nur dann wirst du ein reiner Kanal für die göttliche Heilkraft werden. Arbeite an deinem Bewußtsein und lebe aus deiner

Mitte heraus. Je mehr du in Gott ruhst, desto liebevoller und schöner wird sich dein ferneres Leben gestalten.

Bevor wir das Außen verändern wollen, müssen wir zuerst das Innen verändern. Je mehr wir es in tiefster Seele verankern, daß wir immer in Gott, in unserer Mitte, geborgen sind, desto eher können wir anderen Menschen helfen. Jesus wußte dies, immer und zu allen Zeiten seines irdischen Lebens. Er sagte doch: *„Ich und der Vater sind eins. Es ist der Vater in mir, der die Werke tut."* Er hat aber auch gesagt: *„Alles, was ich tue, werdet ihr auch tun, und größere Werke werdet ihr tun."*

Die große Frage dabei ist, ob wir ihm glauben. Wie ist es mit dir? Glaubst du, daß Gott in dir ist und durch dich wirken kann? Um hier wirklich erfolgreich zu sein, müssen wir zuerst das Schuldprinzip fallen lassen. Solange wir uns schuldig fühlen, haben wir das Gefühl, unwürdig zu sein. Aus diesem Gefühl heraus können wir die Gotteskraft, die Kraft des ICH BIN, nicht anwenden. Gott schuf uns „nach seinem Bilde." Gott ist reiner Geist, und so sind auch wir reine Geistwesen, die in einem Körper wohnen, um diesen reinen, göttlichen Geist zum Ausdruck zu bringen. Wir alle sind heil und vollkommen. Wir alle sind heilig, wie Gott es ist.

Die Gotteskraft ist in dir und in mir, voller Liebe und unendlichem Wissen, und voller Weisheit. Dieser göttliche Geist ist der Christus in uns, der in uns allen geboren werden muß, und in dem wir ruhen. Hier ist das Wunder, das du bist. Erkenne es, lebe es!

Schiller hat es so formuliert:

„Keiner ist gleich dem andern, doch gleich sei jeder dem Höchsten! Wie das zu machen? Ein jeder sei vollendet in sich."

Die meisten Menschen identifizieren sich viel zu sehr mit ihrem Körper. Sie wissen nicht mehr um ihre Geistigkeit. Viele Menschen wissen nicht einmal mehr um ihre Gefühlsstrukturen. Wenn wir uns mit der geistigen Heilung, für uns selbst oder für andere Menschen, befassen wollen, müssen wir uns mit den Einflüssen der Seele und des Geistes auf den Körper beschäftigen. Alles, was wir in unserer Seele nicht ausleben, manifestiert sich im Körper als Hilfeschrei nach Heilung. Für jede Störung in unserem Bewußtsein gibt es eine körperliche Entsprechung. Darum ist die Heilung von Körper, Seele und Geist so wichtig. Leider richtet sich die heutige Medizin viel zu sehr nur nach den Symptomen, ohneden ganzen Menschen in das Heilungskonzept mit einzubeziehen. Wenn wir wirklich gesund sein oder werden wollen, müssen wir in die Einheit mit dem göttlichen Geist zurückkehren. Nur hier sind wir vollkommen, heil und gesund.

Sind wir krank, so ist das keine Strafe Gottes, wie viele Menschen glauben, sondern wir sind aus der Einheit herausgefallen. Oder wir fühlen uns unbewußt schuldig und bestrafen uns mit der Krankheit selbst. Krankheiten können wunderbare Gelegenheiten zum spirituellen Wachstum sein.

Zu mir kommen sehr viele Menschen, in die Seminare, zur Lebensberatung oder in meine Naturheilpraxis. Ich habe es schon oft erlebt, daß Menschen mir erzählt haben, daß sie durch eine große gesundheitliche Krise, wie zum Beispiel eine Krebserkrankung, auf den spirituellen Weg gekommen sind. Gott hat damit nichts zu tun. Es ist die Wahl der Seele, über die Krankheit eine Bewußtseinsveränderung herbeizuführen. Wir können spirituell wachsen durch Erkenntnis und durch Krankheit. Nur, durch Erkenntnis zu wachsen, ist weniger schmerzhaft. Denke einmal darüber nach.

Wie oft sperren wir uns selbst in ein Gefängnis mit falschen Glaubensvorstellungen, Vorurteilen, Langweile, Sinnlosigkeit und materieller Gier. Nur wir können die Tür des Gefängnisses wieder öffnen,um in die Freiheit des Geistes zukommen.

Vielleicht bist du, liebe Leserin, lieber Leser, zur Zeit gerade krank. Laß zuerst alle Gedanken an dein Kranksein fallen. Auch wenn es dir schwer fällt, halte deinen Blick auf deine vollkommene Gesundheit gerichtet. Frage dich einmal, was dich gekränkt hat, was dich krank machte. Es kann eine Weile dauern, bis du dahinterkommst. Es geht mir hier hauptsächlich um dein Verständnis. Richte deinen Blick wieder auf deinen göttlichen Geist, in dem es keine Krankheit gibt, sondern nur vollkommenes Heilsein. Komme wieder in deine Mitte hinein.

Geistheilung beschäftigt sich nicht mit der Krankheit des Menschen, sondern mit der Wiederherstellung seiner Gesundheit auf allen Ebenen.

Viele unserer Erkrankungen entstehen im Unterbewußtsein. Da wir es nicht mehr gewöhnt sind, die Konflikte, die in uns stattfinden, anzuschauen, verdrängen wir sie ins Unterbewußtsein. Hier schwelen die Konflikte solange weiter, bis wir sie entweder anschauen und lösen, oder bis sie sich in einer Krankheit manifestieren. Wenn die Ursache im Unbewußten verborgen liegt, ist es nicht sinnvoll, nur ein Arzneimittel einzunehmen. Wir müssen nach der Ursache der Erkrankung forschen. Sonst wird keine echte Heilung stattfinden, sondern nur eine-Verlagerung der Symp-tome

Der Geistheiler versucht, mit Hilfe seiner Geistärzte, die ihm aus dem geistigen Reich mit Rat und Hilfe zur Seite stehen, die geistigen Ursachen zu erkennen und den Patienten wieder in die Einheit zurückzuführen.

Buddhas Wortehaben auch heute noch Gültigkeit:

„Ihr, die ihr leidet, wisset; ihr leidet durch euch selbst. Niemand zwingt euch dazu, daß ihr leidet. Auch Befreiung vom Leiden kommt nur aus euch selbst."

So versucht der Geistheiler, mittels der göttlichen Heilkraft die Einheit wiederherzustellen, den Menschen in die göttliche Einheit zurückzuführen.

Genauso kannst du die göttliche Heilkraft auch für dich selbst anwenden. Du bist göttliches Bewußtsein, verbunden mit der göttlichen Heilkraft. Erlaube keinem Zweifel, sich in dein Bewußtsein einzuschleichen.Wisse, du bist die heilende göttliche Ener- gie. Du bist Kanal für die göttliche Heilkraft und fähig, diese wunderbare Kraft auszusenden. Bitte dein Hohes Selbst, alle Zweifel in deinem Bewußtsein zu löschen. Je mehr du die göttliche Heilkraft aussendest, desto stärker wird sie werden.

Wisse, die Heilkraft ist in dir, in deinem ICH BIN.

Solange du jedoch noch Zweifel an der Kraft Gottes in dir hegst, wirst du sie nicht anwenden können.

Ich möchte nun eine Übung mit dir machen, wie du die göttliche Heilkraft aus dem Universum empfangen kannst.

Sprich dir diese Übung am besten wieder auf eine Kassette auf. Setze dich an einen ruhigen Ort, wo du sicher bist, nicht gestört zu werden. Vielleicht hilft es dir, eine leise, ruhige Musik dabei zu hören.

Beginne nun, dich über deinen Atem zu entspannen. Atme tief und gleichmäßig ein und aus. Komme mit jedem Atemzug mehr und mehr zur Ruhe. Stell dir vor, daß aus deinen Füßen dicke Wurzeln wachsen. Sende diese Wurzeln tief und breit in die Erde hinein, damit sie sich dort ganz fest verankern kön-

nen. Sei mit deinem Bewußtsein ganz in deinen Wurzeln und laß sie mit jedem Atemzug stärker werden.

Gehe nun hinaus an einen weiten, weißen Sandstrand. Es ist angenehm warm, und die Sonne scheint. Spüre den Sand unter deinen Füßen Vielleicht möchtest du auch mit deinen Füßen durch das Wasser laufen. Wichtig ist, daß du dich wohl fühlst und dich mit jedem Atemzug mehr und mehr entspannst.

In der Ferne siehst du eine große Pyramide. Gehe darauf zu und schau dir die Pyramide genau an. Aus welchem Material ist sie? Vielleicht aus Sandstein oder aus Edelsteinen? Pyramiden sind Orte der Kraft und du fühlst dich von ihrer Energie wie magisch angezogen.

Gehe in die Pyramide hinein. Sie ist festlich mit Kerzen und Blumen geschmückt. Alles ist zu deinem Empfang vorbereitet. Es ist eine Heilungspyramide. Die Engel der Heilung bilden einen großen Kreis und bitten dich, in die Mitte des Kreises zu treten. Sie danken dir für dein Kommen. Schau nun nach oben, zur Spitze der Pyramide. Dort siehst du eine strahlend weiße Christussonne. Dieses Christuslicht kommt nun zu dir herunter. Sieh, wie ein Strahl dieses Christuslichtes nun durch dein ronenchakra, das auf der Mitte deines Scheitels liegt, eintritt. Atme dieses Licht ein und sende es mit dem Ausatmen in deine beiden Hände, die du wie Schalen nach oben hältst. Spüre, wie mit jedem Ausatmen das Licht in deinen Händen stärker wird. Du kannst die Energie des Lichtes fühlen. Sende dieses Licht in deinen Händen nun zu einem Menschen, von dem du weißt, daß er der Heilung bedarf. Bitte dein Hohes Selbst, die Heilung dorthin zu bringen, wo sie benötigt wird. Sieh, wie der Mensch, der die Heilung bekommt, ganz in das heilende Christuslicht eingehüllt wird. Schau, wie er lächelt und sich über das Licht freut. Wisse, du bist Liebe und göttliche Heilkraft.

Laß das Christuslicht nun auch durch deinen Körper fließen, um alle eventuellen Blockaden in dir zu beseitigen. Fühle, wie du ganz leicht und frei wirst. Danke den Engeln der Heilung für ihre Hilfe. Gehe nun langsam den Weg zurück zum Strand.

Genieße noch ein wenig die Stille und frage dein Hohes Selbst, ob es eine Botschaft für dich hat. Nimm dir Zeit, in Ruhe auf die Antwort zu warten. Du kannst deinem Hohen Selbst auch eine Frage stellen, die du gerne beantwortet haben möchtest. Warte in der Stille auf die Antwort. Es kann sein, daß ein Gedanke in dir auftaucht oder du die Antwort als Symbol oder als Bild empfängst.

Komme dann langsam in den Raum zurück, in dem du deine Heilmeditation begonnen hast. Atme ein paar Mal tief ein und aus und komme mit jedem Atemzug mehr und mehr in dein normales Tagesbewußtsein zurück. Atme einige Male ganz tief ein und aus. Recke dich und strecke dich. Nimm deine Hände hoch über deinen Kopf und schüttle sie kräftig aus. Du bist nun wieder ganz im Hier und Jetzt.

Laß das Erlebte noch ein wenig in dir nachwirken. Wenn du eine Botschaft von deinem Hohen Selbst erhalten hast, schreibe sie auf, damit sie dir nicht verloren geht.

Sei nicht traurig, wenn du nicht gleich beim ersten Mal alles nachvollziehen konntest. Du kannst diese Übung ja jederzeit wiederholen.

Je mehr du in der Lage bist, deine Zweifel aufzugeben, desto leichter werden dir die Lichtübungen fallen. Du kannst mich auch jederzeit gerne anrufen, wenn du damit Schwierigkeiten hast. Wenn du täglich ein wenig Zeit opferst, um Licht und Heilkraft auszusenden, wirst du sehr viel bewirken. Du kannst das Heilungslicht auch Tieren oder Pflanzen und Bäumen schikken. Es gibt so vieles auf unserem Planeten, das der Heilung bedarf. Man kann auch bestimmte Gruppen, in denen Aggressivität herrscht, mit dem Heilungslicht einhüllen.

Mich bitten häufig Menschen, die in eine Prüfung gehen, um einen Lichtballon. Ich baue ihnen dann geistig einen großen Ballon aus weißem Christuslicht, den sie sich während der Prüfung herunterziehen. Das Christuslicht gibt den Menschen Ruhe, Selbstvertrauen und Liebe.

Du kannst dich jederzeit mit dem Licht, der universellen Kraft, verbinden und es aussenden.

Arbeite mit Licht.
Lebe im Licht.
Sei das Licht.

Es ist auch sehr wirkungsvoll, wenn Gruppen das Licht bündeln und gemeinsam aussenden. Ich habe seit Jahren eine Meditationsgruppe, die Heilungslicht schickt, ebenso wie meine Gruppe von Geistheilern. Die Gruppe potenziert das Licht viele Male. Wenn es in deiner Umgebung keine entsprechende Gruppe gibt, was mit sehr wundern würde, kannst du eine gründen. Wenn du Rat brauchst, ruf mich an.

WAGE, UND DU WIRST GEWINNEN

Denke erfolgreich, und du bist erfolgreich. Alles geschieht nach deinem Bewußtseinszustand. Nur wer sein Ziel vor Augen hat und es sich zutraut, dieses zu erreichen, wird alle seine Unternehmungen zum Erfolg führen. Wisse, du bist fähig, alles zu dir heranzuziehen, was du für deinen Erfolg benötigst. Wisse, dir ist alles möglich. Übernimm die Verantwortung für deinen Erfolg. Nutze deinen freien Willen, um das zu erschaffen, was du möchtest. Nur achte darauf, daß alles zum Wohle des Ganzen geschieht und niemandem schadet.

Laß einmal dein Leben Revue passieren. Überprüfe deine mentalen Programme und Einstellungen, die du in den einzelnen Phasen deines Lebens vor Augen hast. Entsprechen sie nicht deinen Erfahrungen? Hat sich nicht immer dann, wenn du deine Gedanken verändert hast, auch dein Leben verändert? Die äußere Welt ist nur ein Spiegel deiner inneren Einstellung.

Höre auf damit, die Macht über dein Leben an andere Menschen, die Gesellschaft oder Institutionen abzugeben. Setze deine Fähigkeiten bestmöglichst ein. Nutze dein unbegrenztes Potential. Deine innere Verwandlung ist ein spannendes Abenteuer. Es beschert dir imme neue Erkenntnisse. Es zeigt dir, wo du loslassen und wo du handeln sollst.

Du hast alles Wissen in dir. Dir stehen eine unbegrenzte Energie und Intelligenz zur Verfügung - die Intelligenz und Energie Gottes. Nutze sie. Laß sie nicht brach liegen. Denke in großen Dimensionen, begrenze dich nicht länger. Glaube an dich und deinen Erfolg.

Um wahrhaft Erfolg zu haben, ist es unerläßlich, an sich zu glauben. Wie ist es mit dir? Glaubst du hundertprozentig an dich selbst? Oder hegst du Zweifel an deinem Erfolg oder glaubst gar, daß dir kein Erfolg zusteht? Überprüfe deine Denkmuster, die dich am Erfolg hindern. Um erfolgreich zu sein, mußt du deinen Glauben an Mißerfolg ablegen. Hierbei ist es wichtig, deine alten Denkschemata, die du im Laufe deines Lebens übernommen hast, genau anzusehen und alles loszulassen, was dich behindern könnte. Lege dir eine neue, erfolgversprechende Denkweise zu. Sorge dich nicht, es wird dir gelingen.

Es gibt außer dir niemanden, der für deine Gedanken die Verantwortung hat. Wenn du dein Leben verändern möchtest, verändere deine Gedanken. Wenn du deine Gedanken veränderst, wandeln sich auch deine Gefühle. Du mußt deinen Erfolg fühlen können, um wirklich erfolgreich zu werden. Wenn du dich bis jetzt vom Mißerfolg umgeben gesehen und gefühlt hast, wirst du eine Weile brauchen, um in ein neues Denken und ein neues Gefühl hineinzukommen. Werde nicht ungeduldig, sondern plane deinen Erfolg Schritt für Schritt.

Jedes Mal, wenn du einen Sieg errungen hast, wirst du selbstsicherer werden. Selbstsicherheit hat nichts mit Arroganz zu tun. Arroganz ist nur ein Beweis von Unsicherheit und Angst. Selbstvertrauen aber bedeutet, deinem Hohen Selbst zu vertrauen.

Lade das Beste, was du dir vorstellen kannst, in dein Leben ein. Glaube nicht, du würdest es nicht verdienen. Es ist dein göttliches Geburtsrecht, das Beste in deinem Leben zu erhalten. Fokussiere deine Gedanken auf deinen Erfolg. Nur dann wirst du auch Erfolg haben.

Viele Menschen haben Angst, Entscheidungen zu treffen. Wenn du wahrhaft erfolgreich werden willst, ist es notwendig, entscheidungsfreudig zu werden. Hast du Angst vor Entscheidungen? Wer hat bis jetzt in deinem Leben für dich entschieden? Vielleicht deine Eltern, dein Mann oder deine Frau? Wenn du anderen Menschen die Entscheidung über dein Leben überläßt, gibst du ihnen auch die Macht über dein Leben. Lerne, dir selbst zu vertrauen und stehe zu deiner eigenen Wahrheit. Lege deine Angst vor der Verantwortung ab. Erst wenn du bereit bist, eigenverantwortlich zu handeln, wirst du in der Lage sein, Entscheidungen zu treffen und erfolgreich zu werden.

Schiebe deine Verantwortung nicht auf andere Menschen ab, sonst wirst du von ihnen abhängig und bleibst in der Opferrolle stecken. Du willst doch aber erfolgreich sein. Also benutze deinen dir von Gott gegebenen freienWillen, um dir das zu schaffen, was du möchtest.

WEGWEISENDE WEISHEIT

„Sieh dich in allem, was du tust, als Vollbringer deiner inneren Führung, und du wirst stets das tun, was dir in allem zum Besten gereicht.

Laß nicht nach in deinem Bemühen, andere glücklich zu machen, um so mehr fällt das Glück auf dich zurück, denn der Sender ist der Empfänger, weil alles auf dem Prinzip des Ausgleichs beruht.

Je mehr du diese Regel befolgst, desto mehr fließt dir aus der unbegrenzten Fülle der Gaben Gottes alles zu, was dein Leben mit Glück und Wohlbefinden segnet."

K.O. Schmidt

Meisterplan

Damit du deine höchsten Ziele erreichst, ist es notwendig, einen Meisterplan zu erstellen. Denke daran, du bist der Schöpfer deines Lebens. Du führst die Regie in deinem Leben. Gott ist der Produzent, der dir die nötige Weisheit, Kraft und Liebe gibt, deine Ziele zu erreichen. Vielleicht ist es notwendig, ein neues Drehbuch zu schreiben. Überprüfe dein Leben. Welche alten Verhaltensmuster passen nicht mehr hinein? Ersetze sie durch neue, die jetzt für dich wichtig sind. Schreibe ein kosmisches Drehbuch für dein Leben, das vor allem **deine** Wahrheit enthält. Schreibe dein Drehbuch so schön wie möglich. Definiere exakt dein Ziel. Nimm dir stets nur ein Ziel vor. Wenn du zu viele Ziele gleichzeitig in Angriff nimmst, zerstreust du deine Energien, statt sie zu bündeln. Wenn es sich um ein großes Ziel handelt, plane Etappenziele mit ein.

Sieh dir dein Drehbuch zwischendurch immer wieder an, ob es auch deinem höchsten Wohl entspricht und dem Wohle aller dient.

Wenn du mit deiner Planung fertig bist, kannst du dir einen Wunschbaum anfertigen. Nimm eine große runde Scheibe aus farbigem Karton. Beziehe dein inneres Kind in die Gestaltung des Wunschbaumes mit ein, es soll dir und deinem Kind Freude machen. Klebe in die Mitte dein schönstes Foto. Damit alles im Einklang mit deinem Hohen Selbst geschieht, kannst du um dein Foto herum ein gleichschenkliges Kreuz malen oder die liegende Acht, die Lemiskate, das Zeichen der Unendlichkeit, das Zeichen Gottes. Auch das OM-Zeichen eignet sich als göttliches Symbol.

Du kannst auch eine Wunschkarte herstellen, die du dann in deiner Brieftasche immer bei dir trägst. Erstelle für jedes deiner Ziele einen gesonderten Wunschbaum. Es wird dir viel Freude machen.

Wenn du dir eine Reise wünschst, so kannst du aus den Katalogen der Reiseunternehmen entsprechende Bilder ausschneiden und sie auf deinen Wunschbaum kleben. Du kannst auch dich selbst in die Urlaubsbilder hineinmalen. Je farbiger du deine Bilder gestaltest, desto früher wirst du dein Ziel erreichen. Auf diese Weise machst du dir die Hilfe deines Unterbewußtseins zunutze. Das Unterbewußtsein reagiert sehr stark auf Bilder. Du kannst auch die entsprechenden Affirmationen auf deinen Wunschbaum kleben. Sie sollten aber immer in der Gegenwart gesprochen sein. Beginne dann, dich bereits an deinem Ziel zu sehen. Um bei unserem Reisebeispiel zu bleiben, sieh dich in dem entsprechenden Land herumreisen. Höre die Geräusche des Landes und rieche seine Gerüche. Fühle in dich hinein, wie sich das für dich anfühlt. Genieße es, mit deinen Wünschen und Zielen zu arbeiten.

Auch wenn du noch nicht weißt, woher das Geld dafür kommen soll, mach weiter. Begrenze das Universum nicht. Das Universum hat unendlich viele Möglichkeiten, dir bei der Erfüllung deiner Wünsche zu helfen. Glaube daran, daß sich deine Wünsche erfüllen und du deine Ziele erreichst.

Sprich nicht über deine Wunschbäume und halte sie vor dem

Zugriff anderer Menschen fern. Wenn du einen Wunsch ans Universum abgibst, sage: „Dieses oder etwas Besseres manifestiert sich in meinem Leben." Denke immer daran, alles im Kosmos ist in verschwenderischer Fülle vorhanden. Die Kraft deiner Imagination ist vollständig in der Lage, all das zu dir heranzuziehen, was du für deinen Erfolg benötigst. Begrenze dich nicht und bleibe deinen Visionen treu. Sei wachsam und achte darauf, daß du dich nicht selbst blockierst. Glaube an deine Schöpferkraft.

Wenn du mehr Wohlstand und Fülle in dein Leben einladen möchtest, sieh dich als wohlhabend. Verhalte dich so, als ob du in Reichtum und Fülle leben würdest. Das heißt nicht, daß du dein Geld zum Fenster rauswerfen sollst, das würde auch nicht für ein Wohlstandsbewußtsein sprechen.

Du kannst dir auch einen Geldbaum anfertigen. Nimm hierzu eine farbige Scheibe und klebe die verschiedenartigsten Geldscheine darauf. Diese Bilder werden sich in dein Unterbewußtsein einprogrammieren. Sei bereit für die Geldenergie, die in dein Leben fließen möchte. Begrenze sie nicht, sondern heiße sie liebend willkommen.

Vor allem aber akzeptiere die Fülle für dein Leben. Habe keine Angst vor der Verantwortung, die mehr Wohlstand mit sich bringen würde. Arbeite mit Freude und Hingabe an der Neugestaltung deines Lebens. Denke daran, du bist der Regisseur und schreibst ein neues Drehbuch. Du bist aber auch der Hauptdarsteller deines Lebensfilms. Sei klar in deinen Gedanken und lebe deinen ureigensten Ausdruck.

Arbeite an deiner Bewußtseinsentwicklung, damit sich deine Energie erhöht. Sei aktiv und gehe voller Freude durch den Tag. Beginne ihn mit Gott und lebe in ihm.

Arbeite täglich mit deinen Affirmationen. Du kannst sie zum Beispiel während des Autofahrens auch singen. So stimmst du dich ein auf das, was du erreichen möchtest. Greife nach den Sternen. Lies deine Affirmationen mehrmals am Tag laut und voller Überzeugung. Erwarte, daß das Universum deine Wünsche erfüllen und deine Ziele unterstützten wird. Wichtig ist , daß du deine Ziele und Wünsche klar formuliert an den Kosmos abgibst.

Wenn du dein Ziel oder deinen Wunsch klar definiert hast, kannst du ihn mit in eine Meditation hineinnehmen.

Wir wollen nun eine Meditation miteinander teilen, die dir hilft, das, was du dir wünschst, schneller auf die materielle Ebene zu holen.

Bevor du mit der Meditation beginnst, werde dir ganz klar über deinen Wunsch. Du kannst einen deiner Wünsche von deinem Wunschbaum nehmen, oder auch einen anderen, das spielt keine Rolle.

Dann wähle dir eine Zeit aus, bei der du sicher sein kannst, daß du nicht gestört bist. Sorge dafür, daß du dich an dem Ort, an dem du deine Meditation hältst, sicher und geborgen fühlst. Am besten sprichst du dir die Meditation wieder vorher auf eine Kassette auf.

Setze dich ganz bequem hin. Die Füße stehen nebeneinander auf dem Boden und deine Hände liegen locker im Schoß. Atme ruhig und ganz entspannt ein und aus, ganz in deinem eigenen Rhythmus. Du entspannst dich mit jedem Atemzug mehr und mehr, kommst ganz zur Ruhe. Laß mit dem Ausatmen alle nervöse Spannung los, atme sie einfach aus.

Stelle dir nun wieder vor, daß aus deinen Füßen dicke Wurzeln wachsen, wie bei einem Baum. Schicke diese Wurzeln tief und breit in die Erde hinein, damit sie sich dort verankern. Sei mit deinem Bewußtsein ganz in deinen Füßen und laß mit jedem Atemzug die Wurzeln stärker werden. Spüre, wie du eine ganz feste Verbindung mit der Erde bekommst.

Gehe nun hinaus auf eine bunte Sommerwiese. Es ist angenehm warm und die Sonne scheint. Sieh den bunten Schmetterlingen zu und lausche dem Zwitschern der Vögel. Erfreue dich an den bunten Sommerblumen, die in allen Farben auf deiner Sommerwiese blühen. Gehe nun auf einen Wald zu. Ein breiter Weg führt hinein. Das Sonnenlicht scheint durch die Blätter. Gehe den Waldweg entlang, bis du zu einem See kommst. Setze dich an sein Ufer und werde ganz still. Bringe all deine Gedanken und Gefühle zur Ruhe.

Auf dem See siehst du viele Lotusblüten, die in göttlicher Schönheit erblüht sind. Nimm eine dieser Lotusblüten in deine Hände. Betrachte sie und erfreue dich an ihrer Schönheit.

Nimm dann die Lotusblume in dein Herz hinein. Möge sie dich an das Juwel in dir erinnern.

Stehe nun langsam wieder auf und gehe zu einem alten Tempel. Du wirst dort erwartet. Der Engel der Liebe und der Engel der Freude begrüßen dich am Portal des Tempels und begleiten dich hinein. Der Tempel ist mit Blumen und Kerzen festlich geschmückt.

In der Mitte des Tempels siehst du ein violettes Feuer in einer großen Schale. Es ist das Feuer der Transformation, das alles transformiert, was man ihm übergibt. Wirf nun alle deine Zweifel, deine Ängste und Sorgen in das violette Feuer hinein und bitte um Transformation. Nimm dir Zeit für diese Übung. Sie wird dich frei machen.

Nun kommt der Engel der Wunscherfüllung, um dir bei der

Erfüllung deiner Wünsche und Ziele zu helfen. Er führt dich zu einer lichten Halle und bittet dich, dort Platz zu nehmen. Hier kannst du nun auf einer großen Leinwand, wie in einem Film, die Erfüllung deines Wunsches schaffen. Gestalte die Bilder so farbig wie möglich. Sieh dich selbst in der Szene handeln. Du bist es, der das erschafft, was er sich wünscht. Wenn du ein bestimmtes Ziel erreichen möchtest, sieh dich bereits am Ziel. Male deinen Wunsch großzügig aus und begrenze dich nicht. Setze deine schöpferischen Fähigkeiten ein. Sei kreativ. Der Engel der Wunscherfüllung wird dir gerne behilflich sein. Nimm dir viel Zeit dafür. Fühle auch in dich hinein, wie die Erreichung deines Zieles oder Wunsches sich für dich anfühlt. Wenn du noch nicht ganz zufrieden bist, gestalte das Bild solange neu, bis alles genau deinen Wünschen entspricht. Spüre wieder in dich hinein. Fühle die tiefe Freude in dir. Behalte die Energie im Gedächtnis, so daß du sie später jederzeit nachempfinden kannst. Nun danke dafür, daß sich dein Wunsch bereits erfüllt hat. Übergib deinen Wunsch oder die Erfüllung deines Zieles deinem Hohen Selbst. Es wird dir helfen, deinen Wunsch in angemessener Form und Zeit zu erfüllen.

Danke auch dem Engel der Wunscherfüllung.

Gehe dann wieder zurück zum Waldsee. Hier haben alle Lotusblüten ein großes Herz aus Licht gebildet. Wenn du möchtest, kannst du nun die Erfüllung deines Wunsches oder die Erreichung deines Zieles in einen rosaroten Luftballon verpacken. Laß diesen dann in den Kosmos aufsteigen und freue dich wie ein Kind darüber. Je leichter und spielerischer du dieses Ereignis gestaltest, desto mehr Freude wird es dir machen.

Gehe nun den Weg zurück zu deiner bunten Sommerwiese. Genieße die herrliche Natur.

Mitten auf der Wiese siehst du nun ein kleines Kind. Es ist dein inneres Kind. Beobachte es eine Weile. Ist es voller Lebensfreude? Oder fühlt es sich einsam und verlassen? Gehe zu diesem Kind und bitte es, dir zu sagen, was es von dir möchte. Nimm dir Zeit und höre ihm zu. Wiege das Kind in deinen Armen und gib ihm all die Liebe und Zuneigung, die es vielleicht schon lange vermissen mußte. Dann laß das Kind ganz klein werden, so klein, daß du es in dein Herz hineinnehmen kannst. Lege es auf der Lotusblüte ab. Es wird dich an die Liebe in dir erinnern.

Wenn du dazu bereit bist, atme ein paar Mal tief ein und aus und komme mit jedem Atemzug mehr und mehr in dein normales Tagesbewußtsein zurück. Konzentriere dich ganz auf deinen *Atem, er bringt dich ins Hier und Jetzt zurück. Recke dich und strecke dich. Nimm deine Hände hoch über den Kopf und schüttele sie aus. Du fühlst dich ganz wohl.*

Am besten schreibst du dir alles auf, was du erlebt hast. Du kannst es auch malen, damit es dir besser in Erinnerung bleibt, oder die Meditation wiederholen.

Sei dankbar für all die Segnungen in deinem Leben. Ich kenne ein wunderbares Lied, das ich gerne mit dir teilen möchte:

DANKE

Danke für diesen guten Morgen
Danke für jeden neuen Tag,
Danke, daß ich all' meine Sorgen
auf dich werfen darf.
Danke für alle guten Freunde,
Danke, o Herr, für jedermann,
Danke, wenn auch dem größten Feinde
ich verzeihen kann.
Danke für meine Arbeitsstelle,
Danke für jedes kleine Glück,
Danke für alles Frohe, Helle
und für die Musik.
Danke für alle Traurigkeiten,
Danke für jedes gute Wort,
Danke, daß deine Hand mich leiten
will an jedem Ort.
Danke, daß ich dein Wort verstehe,
danke, daß deinen Geist du gibst,
danke, daß in der Fern' und Nähe
du die Menschen liebst.
Danke, dein Heil kennt keine Schranken
Danke, ich halt mich fest daran,
Danke, ach Herr, ich will dir danken,
daß ich danken kann.

Nachwort von Meister Eckhart

Geliebte Brüder und Schwestern auf der Erde, seid gesegnet mit der Liebe Gottes. Ich bringe euch das Licht des Höchsten, um fackelgleich das Licht in euch zu entzünden. Ich danke euch für euer Bemühen auf eurem Entwicklungsweg. Ich danke all denen, die das Licht aussenden. Ich danke all denen, die die Liebe leben. Ich ermutige euch, euer göttliches Potential in euch mehr und mehr zu entfalten. In euch ist Gott und ihr seid eins mit diesem göttlichen Aspekt. Ihr seid eins mit dem göttlichen Geist, der alles Sein durchdringt. Gott ist der Schöpfer allen Seins, und ihr seid der Schöpfer eures Lebens. Nur allzu oft vergeßt ihr Menschen euer Schöpfertum und begebt euch in Abhängigkeit und werdet somit unfrei. Ich aber möchte euch ermutigen, in die Freiheit zu kommen und euch bewußt zu machen, daß ihr von eurem freien Willen, dem größten Geschenk Gottes an euch, Gebrauch machen solltet. Erkennt ihr nicht die Gnade Gottes in eurem freien Willen?

Das bedeutet doch, ihr habt in jeder Sekunde eures Lebens die Wahl, das zu leben, was ihr für euch entscheidet und was ihr euch wünscht. Wir sehen es mit Besorgnis, daß viele Menschen nicht wissen, wie sie ihr Leben gestalten sollen.

Ihr Menschen hängt fest in den Schmerzen der Vergangenheit und sorgt euch pausenlos um die Zukunft. Dabei verpaßt ihr den wunderbaren göttlichen Augenblick der Gegenwart. Die Vergangenheit ist vorbei, ihr könnt sie nicht mehr leben. Die Zukunft könnt ihr noch nicht leben, denn sie ist noch nicht da. Nur im Hier und Jetzt ist es möglich, wahrhaft zu leben und zu sein. Doch wenn ihr den jetzigen Augenblick in Liebe, Freude und Freiheit lebt, wird das Morgen leicht und lichtvoll sein.

Also legt die Fesseln der Abhängigkeit ab und übernehmt die Verantwortung für euer Leben, dessen Schöpfer ihr, und nur ihr, seid.

Versteckt euch nicht hinter dem, was im Außen geschieht. So wie es in der Welt, im Außen, aussieht, so sieht es auch in eurem Innern aus. Wenn ihr im Außen etwas verändern möchtet, so beginnt, in eurem eigenen Herzen die Veränderung herbeizuführen.

Laßt die Vergangenheit los, vergebt denen, die euch scheinbar verletzten, die euch in Wahrheit aber nur einen Lernprozeß vermitteln wollten. Auch wenn dieses auf einer unbewußten Ebene geschehen ist.

Für viele von euch mag dies alles neues Gedankengut sein. Ich bitte euch, öffnet eure Herzen. Öffnet euch für ein neues Bewußtsein. Öffnet die Grenzen eures Bewußtseins und nehmt die höheren Dimensionen des Lichtes wahr. Nur der ist wahrhaft frei, der seine Grenzen abgebaut und die Begrenzungen in seinem Bewußtsein abgelegt hat.

Wir sind eure älteren Brüder und Schwestern, die liebend an eurer Seite gehen. Wir möchten euch helfen bei eurem Neubeginn. Wir möchten euch helfen, euer Bewußtsein auszudehnen, damit ihr in die Liebe hineinkommt, damit ihr die Liebe in euch finden könnt, damit ihr die Freude ausdrücken könnt, damit ihr im Frieden auf der Straße des Lichtes wandeln könnt.

Die Freude ist euch von Gott ins Herz gelegt. Laßt euer ganzes Sein davon durchdringen. Die Freude ist eure größte Energiequelle, laßt sie sprudeln, damit auch andere Menschen aus dem Quell eurer Freude trinken können.

So macht euch auf, laßt keine Zeit verstreichen, sondern beginnt gleich jetzt damit, nach innen zu schauen, um euer göttliches Potential zu finden und zu leben. Legt eure Ängste ab, sie hindern euch nur.

Lernt, in der Liebe die stärkste Kraft des Universums zu sehen. Lebt die Liebe, die in euch ist. Beseitigt die Schranken, die ihr aufgebaut habt und die euch von der Liebe trennen.

Mit jeder Angst, die ihr ablegen könnt, wird das Licht strahlender und heller aus euch heraus scheinen. Findet die Lichtquelle in euch und laßt das Licht ins ganze Universum hinaus scheinen. So werdet ihr zu Lichtboten und zu Lichtträgern, die mithelfen, das neue, spirituelle Zeitalter aufzubauen.

Erkennt ihr die Aufgabe eures Lebens?

Viele von euch haben sich zu diesem Zeitpunkt auf der Erde inkarniert, um der Welt Hilfe und Heilung zu bringen. Wir wollen gemeinsam den Menschen helfen, die noch nicht an das Licht und die Liebe in sich glauben können.

Ich danke all denen, die bereits mithelfen am Plan der Erlösung. Jeder ist aufgerufen. Ich möchte die Bereitschaft dazu in euch wecken.

Wenn ihr täglich ein wenig eurer Zeit bereitstellt, um das Licht zu schicken, so wird sich weltweit das Licht mehr und mehr verstärken. So rufe ich auf, im Namen Gottes das Wunder derLiebe und des Lichtes zu leben.

Meister Eckhart

ICH BIN

Ich überlegte einmal - es ist noch gar nicht lange her - daß ich ein Mensch bin; das haben auch die anderen mit mir gemein. Daß ich höre und sehe und esse und trinke, hat auch das Vieh mit mir gemein. Aber das ICH BIN, daran hat kein anderer teil, außer mir allein, sei es Mensch, Engel oder Gott selbst, soweit ich nicht mit IHM eines bin. Alles, was Gott wirkt, das wirkt er in dem Einen, sich selber Gleichen. Gott gibt allen Dingen gleich, und doch sind sie in ihrer Wirkung gar ungleich und zielen in ihrem Tun auf das ab, was ihnen selber gleicht. Die Natur wirkt in meinem Vater das Werk der Natur. Der Natur Absicht war, daß ich Vater würde, wie er Vater war. Er wirkt sein ganzes Werk um eines ihm selber Gleichen willen, um sein Ebenbild hervorzubringen und um selbst das Gewirkte zu sein.

Meister Eckhart

Epilog

Meine geliebten Kinder, ich bitte euch, nie zu vergessen, daß ihr meine über alles geliebten Kinder seid.

Leider ist euer Vertrauen nur wie eine kleine Flamme, die jederzeit vom Wind ausgeblasen werden kann. Stärkt euch im Glauben und Vertrauen. Haltet eueren Blick auf alle die Segnungen gerichtet, die ich euch geben möchte. Ich möchte euch fröhlich und glücklich sehen, voller Liebe und Selbstvertrauen. Achtet auf meine Zeichen und werdet wesentlich. Ihr verzettelt euch viel zu sehr mit unwesentlichen Dingen. Bleibt eurer Vision treu. Bleibt eurer Wahrheit treu und geht den Weg, den ihr euch vorgenommen habt. Laßt euch nicht durch die Meinung anderer Menschen von euren Zielen abbringen. Schwingt mit in der Energie der Liebe und der Freude. Nutzt die Zeit, um auf eurem Weg ins Licht weiterzugehen.

Ihr Lieben, Raubbau treiben mit euren Kräften ist kein gut verwaltetes Erbe. Euer Körper ist mein Tempel, den ich euch gab, damit ich mich durch euch ausdrücken kann. So achtet ihn und sorgt liebevoll für ihn, aber identifiziert euch nicht mit ihm. Euer göttlicher Geist sollte die Führung übernehmen. Seid wie die kleinen Vögel, die voller

Vertrauen darauf warten, daß die Eltern sie ernähren. Sie öffnen ihre Schnäbel, um die Nahrung zu empfangen. Wenn ihre Zeit gekommen ist, wissen sie, daß sie fliegen können. Wißt ihr denn nicht, daß ich euch nähre, daß ich euch helfe?

Eure Meditation sollte eine Zwiesprache mit mir sein. Doch wenn ihr nicht stille werdet und in euch hineinhorcht, wie wollt ihr dann meine Botschaft erfahren?

Ich weiß die Lösung für jedes Problem. Ich möchte sie euch zeigen, um euch zu helfen. Ihr aber sagt: „Ja aber, oder ich kann, weil ....“

Ihr seid oft wie Treibholz im Meer, das bald hierhin, bald dorthin geschleudert wird und nirgends ankommt. Oder ihr seid wie ein Schiff, das auf der sturmgepeitschten See dahinschlingert und die Richtung verloren hat. Ich bin der Kompaß, den ihr verloren habt. Ich möchte euch die Richtung weisen, in ein Leben voller Liebe, Glück und Harmonie.

So laßt uns doch den Weg gemeinsam gehen. Mein Segen liegt auf euch und meine Liebe begleitet euch auf allen euren Wegen.

Ihr seid das Licht der Welt, das die Dunkelheit durchdringt. Laßt das Licht scheinen, am Morgen, am Mittag und in der Nacht, kometengleich. Auch wenn ihr das Licht in eurer Seele nicht sehen könnt, so ist es trotzdem da. Haltet euren Blick auf mich gerichtet und nicht auf die Nebensächlichkeiten der Welt.

Nutzt die Zeit, oh Menschenkinder, die ich euch gab. Verwaltet sie weise. Ihr seid die Hüter eurer Zeit, eurer

Gedanken und eures Lichtes. Ihr seid das Licht der Welt, glaubt es. Lebt es!

Meine geliebten Kinder, kommt in den Frieden. Mein Frieden geht an eurer Seite. Meine Liebe ist in euch und meine Freude möchte sich durch euch ausdrücken.

Es ist die Zeit der Wandlung, in der es mit alten Verhaltensmustern, die euch belasten, aufzuräumen gilt. Es ist notwendig, weil „Not-wendend."

Je mehr ihr zu eurer eigenen Wahrheit findet und sie lebt, desto klarer wird euer Weg sein. Die Liebe sei euer Leitstern, der euch nach Bethlehem führt, zur Christgeburt in euch. Die Freude gibt euch die Energie, den Weg leicht zu gehen, ja zu tanzen. Tanzt euren Lebensweg, meine Kinder.

Ihr laßt euch von den Belanglosigkeiten des Alltags zuviel Energie rauben. Ihr sorgt euch und sorgt euch, und findet das auch noch großartig. Doch mit euren Sorgen verändert ihr eure Probleme nicht, ihr verstärkt sie nur. Eine Veränderung könnt ihr mit eurem und meinem Geist herbeiführen. Es gibt für alles einen kosmischen Grund und eine kosmische Lösung. Aber nur in der Stille eures Geistes werdet ihr sie finden. So übt euch in der Meditation. Wenn ihr Fragen an mich habt, werde ich euch antworten. Habt Vertrauen und baut auf mich und meine Liebe.

Geliebte Kinder meines Geistes, laßt los und sorget euch nicht. Wenn ihr euer göttliches Potential und eure Wahrheit lebt, werdet ihr zum Schöpfer eures Lebens. Lebt die Kraft, die in euch ist, und blockiert sie nicht.

Alles Wissen ist in euch, aber nur in der Stille eures Geistes werdet ihr Zugang zu diesem Wissen haben. Euer Wissen drängt nach Ausdruck.

Seid euch der Wichtigkeit des Lichtschickens bewußt. Mein Licht leuchtet auf eurem Wege. Es steht euch zur Verfügung, wenn ihr es anruft. In den Zeiten der Wandlung ist Hilfe notwendig. Ich brauche einen jeden von euch. Ich will euer Leitstern sein, der kometengleich vor euch herzieht, um euch den Weg zu weisen. Mein Licht ist immer bei euch, um auch die dunkelste Nacht eurer Seele zu erhellen. Meine Liebe trägt euch. Ich möchte, daß ihr euch in dieser Liebe geborgen fühlt. Sie ist in euch, ist eure Mitte. Auch wenn eure Gefühle manchmal Achterbahn fahren, so liegt tief in euch verborgen der Halt, der euch trägt. Werdet stark im Glauben und Vertrauen. Manchmal seid ihr wie ein Blatt, das der Wind bald hierhin, bald dorthin weht. So besinnt euch auf eure Stärke, auf euer wahres Sein. Erkennt das Juwel, das in eurer Seele liegt. Das Wunder der Liebe ist in euch. Erkennt es, lebt es. Seht aber auch in euren Brüdern und Schwestern das Juwel. Jedes meiner Kinder ist in seiner Einzigartigkeit vollkommen und schön. Wenn ihr euren Blick darauf gerichtet haltet, werdet ihr Liebe und Freude erleben. Wenn ihr aber glaubt, daß ihr einsam und verlassen sein werdet, werdet ihr Einsamkeit und Verlassenheit erleben. Ihr seid, was ihr glaubt.

Stellt euch einmal vor, alle eure Gedanken eines Tages wären auf einer großen Tafel aufgeschrieben. Ihr wäret doch sehr erstaunt, wie viele negative Gedanken dort stehen würden. Achtet auf das, was ihr denkt und sprecht. Es könnte sich manifestieren. Und dann beklagt ihr euch, denn ihr habt vergessen, daß ihr durch eure Gedanken diese Dinge angezogen habt. Denkt ihr licht-und liebevoll, wird euer Leben leicht sein, voller Liebe, Freude und Frieden; und die Unterstützung des Universums ist euch gewiß. So geht denn vorwärts auf eurer Straße des Lichts. Meine Liebe begleitet euch auf all euren Wegen.

ICH BIN der ICH BIN

Ich danke...

... dir, liebe Leserin, lieber Leser, daß du mir bis hierhin gefolgt bist. Ich bin sicher, du wirst dein göttliches Potential entdecken und leben. Ich wünsche dir viel Freude auf der magischen Reise zu dir. Ich würde mich freuen, wenn du deine Wunder mit mir teilen könntest. Die Liebe Gottes begleitet dich auf allen deinen Wegen.

In Liebe Elisabeth

Du kannst mich gerne anrufen, wenn du Schwierigkeiten mit einem bestimmten Thema hast.

Richte deine Anfragen für spirituelle Lebensberatungen, Clearing-Termine, Rückführungstherapien und Seminare bitte an folgende Adresse:

Elisabeth Dude, Spirituelle Lehrerin
Lichtzentrum · Herzogstr. 7 · 40217 Düsseldorf
Telefon u. Fax: 0211 - 38 26 93

Bisher erschienen: Spirituelle Bücher und

Elisabeth Dude beschäftigt sich in diesem Buch mit Fragen, denen sich die Menschen in der heutigen Zeit immer weniger entziehen können.

Was geschieht mit der Seele am Ende unseres Lebens? Wo kommt sie her und wo geht sie hin? In diesem Buch lüftet sich der Schleier des Mysteriums. Gibt es ein Leben oder viele?

Die Autorin geht auf alle diese Fragen ein und erzählt eindrucksvoll von ihrer Arbeit als Clearing- und Rückführungstherapeutin.

Botschaften aus der geistigen Welt von Meister Eckhart, ihrem Geistführer und spirituellen Lehrer, zum neuen Zeitalter und den Aufgaben, die jeden von uns erwarten, machen dieses Buch zu einem wertvollen Ratgeber in einer Zeit der Wandlung.

Buch:
ISBN 3-00-001325-3, 192 S., DM 34,90

In ihrem sechsten Buch zeigt Elisabeth Dude den Weg zur Meisterschaft der Seele. Es ist ein Aufruf an die Menschen, ihre Lebensaufgabe zu erkennen und zu übernehmen. Die Autorin führt die Menschen auf den Weg des Lichts und zeigt praktische Möglichkeiten, mit denen jeder seine Schwingungen erhöhen und den Übergang ins neue Jahrtausend mit Leichtigkeit und Freude erleben kann.
Ein Buch voller Licht und Liebe.

Buch:
ISBN 3-00-003961-9, 192 S., DM 34,90

Erhältlich im Buchhandel oder bei: **Verlag für kosmisches Bewußsein**